LOVE,
TROUBLE

AVEC AMOUR,
ENJEUX

LOVE, TROUBLE

Queer Activism in Africa

AVEC AMOUR, ENJEUX

L'activisme Queer en Afrique

VOLUME 4

Published by / Publiée par
Taboom Media & GALA Queer Archive
2024

First Published in 2024 by MaThoko's Books
Première publication en 2024 par MaThoko's Books
PO Box 31719, Braamfontein, 2017, South Africa

ISBN: 978-1-0370-0455-1 (e-book)
ISBN: 978-1-0370-0454-4 (print)

Editing, stories, artwork, cover design, and book design by Taboom Media and GALA Queer Archive
Édition, histoires, illustrations, conception de la couverture et du livre par Taboom Media et GALA Queer Archive

CONTRIBUTORS / CONTRIBUTEUR·RICE·S

Authors / *Auteur·e·s :* *Amber, Mèmè Minaj, Ivy Werimba, *Sunny, Yuck Miranda, Chikondi, Bolaji Oyindamola, Prince Mikel Juao, Sar Alex W. Kagendo, Sama Emeka E., Giselle Ratalane, John Karugoao, Jacob Keita, Theo the Duchess, Kiyegga Andrew, Ashley Kudzaishe, Axel, Kim, Assala Mdawkhy, Tracy Ivy Nakayenga, Ivander (Annx) Cambanza, Mogau Makitla, Unoma Azuah

Illustrations : Mercy Thokozane Minah, Dustin August, Emma Rødseth-Terblanche, Elliot Jaudz Oliver, Imad Zoukanni, Phili Memela, Nikita Abuya, Oli, Zani Sizani, Leigh le Roux, Mina, WacomBoy, Gavin Kendo, Brian Kamau, Amina Gimba, Carbon, Gigi, Wes Leal, LegakwanaLeo Makgekgenene, Rajae Hammadi, Anonymous, Kabi Kimari

Series Editor / *Éditeur·rice :* Brian Pellot

Volume Editors / *Éditeur·rice·s :* Debra Mason, Brian Pellot, Ciske Smit, Karin Tan

Mentor-Editors / *Éditeur·rice·s-mentors :* Unoma Azuah, Debra Mason, Martha Mukaiwa, Brian Pellot

Design : softwork.studio

Cover Illustration / *Illustration de couverture :* Kabi Kimari

Translator / *Traducteur :* Mohamed Hedi Khiari

Proofreaders / *Relecteur·rice·s :* Donovan Greeff, Akey Fabrice Looky

Project Managers / *Chef·fe·s du projet :* Brian Pellot, Karin Tan

To view or download a digital version of this book, please visit:
Pour consulter ou télécharger la version électronique de ce guide, veuillez vous rendre sur :

TaboomMedia.com
GALA.co.za

First published in / *Première publication en 2024*
Taboom Media
GALA Queer Archive
Cape Town / *Le Cap & Johannesburg*

Publication was made possible with funding from the Arcus Foundation, the National Endowment for Democracy, and Initiative Sankofa d'Afrique de l'Ouest (ISDAO). Additional support was provided by SAIH (Norwegian Students' and Academics' International Assistance Fund), the Sigrid Rausing Trust and The Norwegian Embassy in Pretoria. The contents of this publication are the sole responsibility of its authors and do not necessarily represent the views of funding partners.

Cette publication a été rendue possible grâce au soutien de la Fondation Arcus, du National Endowment for Democracy, et de l'Initiative Sankofa d'Afrique de l'Ouest (ISDAO). Un soutien supplémentaire a été apporté par le SAIH (Norwegian Students' and Academics' International Assistance Fund), le Sigrid Rausing Trust et Ambassade de Norvège à Pretoria. Le contenu de ce document relève de la seule responsabilité de ses auteur·e·s et ne représente pas nécessairement l'opinion des partenaires financiers.

CONTENTS

INTRODUCTION

Activism is often birthed through epiphanies and personal awakenings. For people to truly believe in who they are and audaciously assert their existence in a world that tries to erase them, some must almost lose themselves before finding clarity.

Suffering and rebirth are common themes in *Love, Trouble*, the fourth volume of Taboom Media and GALA Queer Archive's Queer Activism in Africa anthology series. In 22 stories from 19 countries, each narrator highlights their breaking points, an essential ingredient in making great stories and powerful activists.

Much of the world, enabled by dirty politics and biased laws, fails to appreciate gender and sexual diversity. Yet despite the horrors and injustices inflicted upon us, queer people are fighting back. Feminist political activist Angela Davis echoes these writers' aversion to injustice when she says, "I am no longer accepting the things I cannot change. I am changing the things I cannot accept."

In *Queering and Decolonising Joy and Resistance*, Tunisian activist Assala Mdawkhy does exactly that. When her freedom of movement is restricted for allegedly "destabilising the safety of the system", she fights the law to regain her rights.

Some stories in *Love, Trouble* are sad, as well as hopeful. They illustrate the folly that is queerphobia. "Are you a boy or a girl?" is a recurring question across stories, symbolic of how homophobia and transphobia insist on putting every life in a box. In *Kutana Nami*, Kim hides his boxers in a pile of dirty clothes because the sex he was assigned at birth is not meant to wear them. In *The Last Laugh*, a football player is so obsessed with revealing Prince Mikel Juao's sex that he abandons the game to assault him. Queerphobia ignores important things, like our humanity, in favour of violence.

These stories are not just personal accounts of struggle and growth. They also document collective pain, persecution, resistance, movements, and victories that shape, endorse, and validate Africa's LGBTQI+ community. They provide representation and affirm the lives of queer people across the continent.

Through grassroots organising, public demonstrations, legal battles lost and won, creative expression, bodily autonomy, and transitioning, these writers and activists circle the metaphoric Mugumo tree referenced in Sar Alex W. Kagendo's story in hopes of one day looking at the world in a mirror and seeing change.

As unwavering queerphobia and anti-LGBTQI+ campaigns rage across Africa, in a time when it seems the safest thing to do is keep quiet, queer Africans have, against all odds, refused to be silenced.

I encourage you to drink generously from the stories in this collection. Let the experiences of these dogged individuals inspire you, challenge you, transform you and, perhaps, ignite your own journey towards activism and resistance.

Unoma Azuah
Teacher, Author, Activist
June 2024

INTRODUCTION

Le militantisme naît souvent d'épiphanies et de prises de conscience personnelles. Pour que les gens croient vraiment en ce qu'iels sont et revendiquent audacieusement leur existence dans un monde qui tente de les effacer, certain·es doivent presque se perdre avant de se (re)trouver.

Souffrance et renaissance sont les thématiques qui reviennent dans « Avec Amour, Enjeux », quatrième volume de la série d'anthologies Activisme Queer en Afrique de Taboom Media et GALA Queer Archive. À travers 22 histoires provenant de 19 pays, chaque narrateur et chaque narratrice évoque le moment où tout basculé, élément incontournable des histoires les plus belles et ingrédient indispensable à la construction des symboles forts que sont devenu·es ces activistes.

Une grande partie du monde, sous l'influence de politiques malveillantes et de lois partiales, ne reconnaît pas la diversité des genres et des sexualités. Pourtant, malgré les horreurs et les injustices qui leur sont infligées, les personnes queers se battent. Angela Davis, militante politique féministe, exprime cette aversion pour l'injustice lorsqu'elle déclare : « Je n'accepte plus les choses que je ne peux pas changer. Je change les choses que je ne peux pas accepter. »

Dans « Queering et Décolonisation de la Joie et de la Résistance », l'activiste tunisienne Assala Mdawkhy fait exactement cela. Lorsque sa liberté de mouvement est restreinte pour avoir prétendument « déstabilisé la sécurité du régime », elle doit se battre contre la justice pour retrouver ses droits.

Certaines histoires de « Avec Amour, Enjeux » sont à la fois tristes et pleines d'espoir, illustrant la folie de la queerphobie. La question « Es-tu un garçon ou une fille ? » revient souvent, témoignant à quel point l'homophobie et la transphobie ont tendance à vouloir ranger chaque individu dans des cases. Dans « Kutana Nami », Kim cache son caleçon parmi ses vêtements sales, car selon le sexe qui lui a été assigné à la naissance, il ne devrait pas en porter. Dans « Rira Bien Qui Rira le Dernier », un joueur de football, obsédé par l'idée de révéler le vrai genre de Prince Mikel Juao, oublie le match pour l'agresser. La queerphobie choisit de faire abstraction de choses essentielles telles que notre humanité, privilégiant à la place la violence.

Ces histoires ne sont pas seulement des récits personnels de lutte et d'épanouissement. Elles documentent également la douleur collective, la persécution, la résistance, les mouvements et les victoires qui façonnent, soutiennent et légitiment la communauté LGBTQI+ d'Afrique. Elles représentent et affirment la vie des personnes queers à travers le continent.

Grâce à la mobilisation communautaire à la base, aux manifestations publiques, aux victoires et aux défaites juridiques, à l'expression créative, à l'autonomie corporelle et à la transition de genre, ces écrivain·es et activistes font et refont métaphoriquement le tour du figuier mugumo évoqué dans l'histoire de Sar Alex W. Kagendo, dans l'espoir de voir un jour le monde se transformer devant elleux, tel un miroir reflétant le changement.

Alors que la queerphobie et les campagnes anti-LGBTQI+ font rage dans toute l'Afrique, à une époque où il semble que la chose la plus sûre à faire est de se taire, les Africain·es queers ont, contre toute attente, refusé d'être réduit·es au silence.

Je vous invite à dévorer sans modération les histoires contenues dans ce volume. Laissez les expériences de ces personnes obstinées vous inspirer, vous défier, vous transformer et, peut-être, inspirer votre propre cheminement vers l'activisme et la résistance.

Unoma Azuah
Enseignante, Auteure, Militante
Juin 2024

NOTES FROM THE TEAM

Two of the stories in this anthology were originally written in French, the rest in English. The bolded title of each story in the Table of Contents indicates its original language.

Some of the stories in this anthology include accounts of trauma and explicit language. Please read with care.

The words and abbreviations used to describe sexual and gender diversity vary across context and culture. Some activists work on "LGBT rights," others for "LGBTQI+ equality." Throughout this anthology, each individual author's preferred terms and abbreviations have been preserved.

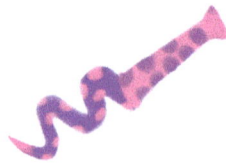

Some names have been changed (*) or replaced with initials to preserve anonymity.

NOTES DES RÉDACTEUR·RICE·S

Deux des histoires de cette anthologie ont été écrites en français, les autres en anglais. Le titre en gras de chaque histoire dans la table des matières indique sa langue d'origine.

Certains récits comprennent des témoignages d'événements traumatiques et utilisant un langage explicite. Prière d'en tenir compte au cours de votre lecture.

Les mots et les abréviations utilisés pour décrire la diversité sexuelle et de genre varient selon le contexte et la culture. Certain·e·s activistes travaillent pour les « droits LGBT », d'autres pour « l'égalité LGBTQI+ ». Dans cette anthologie, les termes et abréviations préférés de chaque auteur·rice ont été conservés.

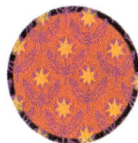

Certains noms ont été modifiés (*) ou remplacés par des initiales pour conserver l'anonymat.

ይፋር፦ ነጻና ቆንጃዋቹ እዚህ ይኖራሉ

EVEN BROKEN FLOORBOARDS SING

*AMBER
Ethiopia

Illustration by Mercy Thokozane Minah

My childhood in the early 2000s was equal parts ambition and anxiety. I strived for perfection to meet my parents' high expectations, while also searching for close connections and a sense of belonging beyond home.

In 2015, still happily living with my family in Addis Ababa, I started university, studied like my life depended on it, and drowned myself in extracurriculars. Amidst all these activities, I discovered a group of people who became my chosen family. They embodied a safe space for me in Addis Ababa's highly homophobic society. Although we were different in many ways, we all shared queer fluidity and identities.

One of my vibrant new "kin" owned a house that hid within the labyrinth of Addis Ababa's old architecture. There, away from the world's judgmental eyes, we created a private, physical haven for our bustling enclave of misfits.

Only three people lived in the home, but another 15 of us spent time there, simply being ourselves. We were designers with dreams dancing in our fingertips, writers weaving tapestries of poetry, and medical students cowering under mountains of books. We were a symphony of backgrounds, dreams, and personalities with one common note – our queer identity was accepted in this home, unlike nearly everywhere else in this conservative heart of Ethiopia.

The house itself embodied acceptance. Its aged walls absorbed our laughter, secrets, and promises. Chipped paint on the doorframes wasn't a sign of neglect but a testament to the stream of visitors seeking solace and safety within. Worn wooden floorboards creaked from our countless impromptu parties and twerk sessions. Every creak sang of solidarity. We were high on feeling connected, loved, and understood. For more than a year, those walls protected us.

Of course, our haven wasn't without its shadows. Beyond its walls, we were repeatedly harassed and discriminated against for being queer. "Vigilante justice" was common, as strangers and neighbours stung us with hateful words and bruised our bodies. Homophobic laws added to our worries. Although Ethiopia cradled our laughter, our acts of love were criminalised and punishable with jail time. Most of us didn't dare tell our families or other friends we were gay.

Beyond harassment, we faced erasure. Many religious Ethiopians consider LGBTQ+ people evil and said we couldn't possibly exist in their "blessed country". But exist we did, even thrived. Every stolen glance and whispered word felt like a rebellion. We constantly feared that our home, our only safe space, would be discovered.

One night in 2016, as we returned to the house from a nearby hangout, several men attacked us. They didn't like how we spoke – our English a little too polished; our wrists a little too limp. That first targeted beating as a group left us traumatised. We still carry the scars from that night. Sadly, this wasn't a one-off situation. More and more, one of us would come home battered and distraught from similar incidents. Amid these attacks, our house remained a refuge where we could bury our feelings of helplessness with embraces of empathy and love.

As the attacks worsened and became more frequent, our focus became survival. A constant sense of vulnerability simmered just beneath our skins. Some friends moved out to find solace and avoid the abuse. I, too, craved a world without these attacks, one in which we could walk the streets with our heads held high, unafraid. But home was home. I kept visiting.

Whispers of suspicion turned into public pronouncements that residents in our home were queer. Eventually, the government targeted the house for confiscation, citing a need for "public development". The worn floorboards where laughter reverberated now resonated with thuds from eviction notices. The government took our home in September 2017.

Although we no longer have our physical haven, the safe place we built in our hearts as a united force against hate remains in 2024. Our affection for one another and our internal strength now serve as a beacon guiding us toward a future where acceptance isn't just stolen, silent moments, but a permanent melody sung throughout Ethiopia.

Our friendships have become our sanctuary, sculpted not with mud, metal, and paint, but with shared memories of our home and the unwavering love that grew inside. We've tasted the freedom of being ourselves under the same roof with a chosen family that enveloped us with love and acceptance. Our hopes live in our eyes, defiant, as we fight for acceptance. We still carry this spark of freedom with us, a reminder that even in the darkest corners, love can bloom.

Although our house was physically taken, the strength and spirit it birthed can never be evicted.

Amber works with Sem Alba, an Ethiopian queer art and media organisation that celebrates, shares, and archives Ethiopia's underground queer culture.

MÊME LES PARQUETS ABÎMÉS CHANTENT

*AMBER
Éthiopie

Au début des années 2000, l'ambition et l'anxiété marquaient mon enfance. Je cherchais à atteindre la perfection pour répondre aux grandes attentes de mes parents, tout en cherchant à nouer des liens étroits et à éprouver un sentiment d'appartenance au-delà du cocon familial.

En 2015, toujours heureuse de vivre en famille à Addis-Abeba, j'ai commencé l'université. Je me suis attelée aux études comme si ma vie en dépendait et je me suis plongée dans mes activités extrascolaires. C'est en pratiquant ces activités que j'ai découvert un groupe de personnes qui sont devenues ma famille choisie. Dans la société extrêmement homophobe d'Addis-Abeba, elles ont su m'offrir un espace sûr. Bien que nous soyons différent·es à bien des égards, nous partagions tou·tes une fluidité et des identités queers.

Un des membres de ma nouvelle et dynamique « famille » possédait une maison qui se cachait dans les dédales de la vieille ville. Là, à l'abri du regard des autres, nous avons créé notre paradis sur terre, une enclave grouillante de marginales·aux.

Seules trois personnes vivaient dans la maison, mais nous étions 15 à y passer du temps, libres d'être nous-mêmes. Nous étions des designers dont les rêves dansaient au bout de nos doigts, des écrivain·es qui tissaient des toiles de poésie, et des étudiant·es en médecine croulant sous des montagnes de livres. Nous formions une symphonie de parcours, de rêves et de personnalités qui jouaient la même et seule partition – celle de notre identité queer, qui était acceptée dans cette maison, contrairement à ce qui se passait presque partout ailleurs dans ce cœur conservateur de l'Éthiopie.

La maison elle-même incarnait l'acceptation. Ses murs vieillis absorbaient nos rires, nos secrets et nos promesses. La peinture écaillée des cadres de porte n'était pas un signe de négligence, mais plutôt le témoignage du flux de visiteurs cherchant réconfort et sécurité dans cette maison. Usés, les planchers en bois grinçaient au cours des innombrables fêtes et des séances de twerk que nous improvisions. Chaque grincement était un chant de solidarité. L'euphorie de se sentir connecté·es, aimé·es et compris·es nous faisait planer. Pendant plus d'un an, ces murs nous ont protégé·es.

Bien entendu, notre paradis n'était pas dépourvu de zones d'ombre. Au-delà de ses murs, nous avons été harcelé·es et discriminé·es à maintes reprises parce que nous étions queers. Se retrouver confronté·es à la « vindicte populaire » était quelque chose de récurrent : inconnu·es et voisin·es nous lançaient des paroles haineuses et nous meurtrissaient le corps. Les lois homophobes sont venues s'ajouter à nos inquiétudes. Bien que l'Éthiopie ait bercé nos rires, nos actes d'amour étaient criminalisés et passibles d'une peine de prison. La plupart d'entre nous n'osaient pas dire à leur famille ou à leurs autres ami·es qu'iels étaient gays.

Au-delà du harcèlement, nous avons dû faire face à l'effacement. De nombreux·ses Éthiopien·nes pratiquant·es considèrent que les personnes LGBTQ+ sont des êtres maléfiques et affirment qu'il est impossible que de telles créatures puissent exister sur leur « terre bénie. » Non seulement, nous existions bel et bien, mais nous prospérions même. Chaque regard dérobé et chaque mot chuchoté s'apparentait à un acte de rébellion. Nous craignions constamment que notre maison, notre seul espace sûr, ne soit découverte.

Un soir de 2016, alors que nous rentrions à la maison après avoir passé la soirée pas très loin de chez nous, plusieurs hommes nous ont attaqué·es. Ils n'aimaient pas notre façon de parler – notre anglais était un peu trop soigné et nous étions un peu trop éfféminé·es. Ce premier passage à tabac collectif ciblé nous a traumatisé·es. Nous en portons encore les cicatrices.

Malheureusement, ce n'était pas un cas isolé. Il arrivait de plus en plus souvent que l'un·e d'entre nous rentre à la maison après s'être fait tabasser, se retrouvant désemparé·e à la suite d'incidents similaires. Au milieu de ces attaques, notre maison est restée un refuge où nous pouvions enfouir nos sentiments d'impuissance dans des étreintes d'empathie et d'amour.

Au fur et à mesure que les attaques s'aggravaient et devenaient plus fréquentes, survivre est devenu notre priorité. Un sentiment permanent de vulnérabilité couvait juste sous la peau. Certain·es ami·es ont dû déménager pour trouver du réconfort et en finir avec les agressions. Moi aussi, je rêvais d'un monde dans lequel nous ne subirions pas ces attaques, un monde où nous pourrions marcher dans les rues la tête haute, sans crainte. Mais on n'a qu'un seul chez soi. Donc j'y retournais.

Les murmures de suspicion se sont transformés en déclarations publiques selon lesquelles les résident·es de notre maison étaient queers. Finalement, le gouvernement a décidé de saisir la maison, invoquant un besoin « d'aménagement public. » Des parquets usés d'où retentissaient nos rires résonnaient désormais les bruits sourds des avis d'expulsion. En septembre 2017, le gouvernement s'est emparé de notre maison.

Bien que nous n'ayons plus de refuge physique, le havre de paix que nous avons construit, symbole de l'union de nos forces face à la haine, demeure dans nos cœurs jusqu'à ce jour. L'affection que nous nous portons les un·es aux autres et notre force intérieure nous servent désormais de phare pour nous guider vers un avenir où l'acceptation n'est pas faite seulement de moments éphémères et silencieux, mais d'une mélodie sans fin chantée dans toute l'Éthiopie.

Nos amitiés sont devenues notre sanctuaire, sculpté non pas avec de la boue, du métal et de la peinture, mais avec les souvenirs de moments vécus ensemble dans cette maison et l'amour inébranlable qui y est né. Nous avons goûté à la liberté d'être nous-mêmes sous le même toit, avec une famille choisie qui nous a enveloppé·es d'amour et d'acceptation. Nos espoirs vivent dans nos yeux, défiants, alors que nous nous battons pour nous faire accepter. Nous portons toujours cette étincelle de liberté avec nous, un rappel que même dans les coins les plus sombres, l'amour peut fleurir.

Bien qu'on nous ait physiquement pris notre maison, personne ne pourra nous prendre la force et l'esprit qu'elle a engendrés.

Amber travaille avec Sem Alba, une association éthiopienne dont l'action porte sur l'art et les médias queer. Sem Alba célèbre, relaie et documente la culture queer underground éthiopienne.

TOXIC PLEASURE

MÈMÈ MINAJ
Togo

I watched Bastou descend the classroom stairs with his innocent gaze and lovely smile. It was 2012, and I was 13 years old, still in secondary school in Lomé. I'd been watching him from afar for months.

One evening, while chatting with friends in the neighbourhood, Bastou joined us. I fell in love with him that night. His handsome face kept popping into my head. His athletic body and tanned skin haunted me. I never admitted my feelings because I feared backlash if he turned out to be homophobic. Instead, I buried my desires within my wildest fantasies.

When summer arrived, I was eager to spend a wonderful holiday with my Prince Charming, but he left for the village to continue his studies there. It felt like my world in Wonderland had collapsed. I spent the entire holiday thinking about him until my feelings began to fade.

Eight years later, I was still in the neighbourhood. I'd completely forgotten about Bastou until one Saturday night when I was chatting on the phone with another queer friend from our school. "Bastou says hello, he's here with me", my friend suddenly said.

What!? Where the hell did he come from? Bastou and I chatted later that night. He told me he's straight but curious to try it with a guy. That marked the beginning of our nightly chats.

We talked about anything and everything, from our professional lives to our joys and sorrows, even our sex lives, giving each other romantic nicknames like babe, honey, love. During the day, we'd see each other in the neighbourhood but keep our distance to avoid suspicion.

After two years of WhatsApp friendship, he finally came to my place. He sat across from me in a floral shirt and shorts that accentuated his athletic body. I was excited, thinking about sex, but again I didn't tell him how I felt.

After leaving, he texted to ask if I liked him. He must have guessed it from my face, which couldn't hide anything anymore. "As I don't have a girlfriend at the moment, I can train with you to improve my sexual performance until I find a new one", he suggested. Finally! The chance to touch and fondle his beautiful body.

Illustration by Dustin August

I agreed to his proposal, and we became sex friends. We fucked almost every day in every corner of my bedroom. I let him carry out his fantasies on me, some of which I didn't like, but I didn't want these moments with him to end, so I endured it.

He haunted both my mind and soul. He possessed me. He used my body however he wanted. I could no longer refuse his desires, and without realising it, our relationship became a sexual prison. I was hoping he would fall in love with me so that we could have a serious relationship. I looked after him, dressed him, fed him, did everything I could for him, even though I didn't have enough financial resources for myself.

After seven months of sex, I still had no right to anything from him. He hit on girls in front of me and asked if he could bring them to my room, which I refused.

One day, after fucking like in a Kama Sutra film, we were resting on my bed and I asked if he had feelings for me. "I feel absolutely nothing for you", he responded. "I'm not gay or bisexual; I'm a straight guy who likes to fuck ass sometimes". I was floored. I felt disgusting and ashamed. But as always, I made another excuse not to hate him.

Our affair continued for several more months with his contempt, insults, and sexual brutality. I had anal lesions, but he didn't care. If I rebelled, he would go back to being gentle and loving to keep me caged. I belonged to him, and he constantly belittled me to erode my self-confidence.

One morning, I woke up and cried my eyes out in front of the mirror. I questioned my whole life. Then I recalled what a strong, resilient, and courageous person I am. In Togo, I'm a community leader who gives strength and the will to live to my LGBTQAI+ friends who are sent away and denied by their families. I also support those who are seropositive and have lost all hope of living. Why would I sink so low? I wiped away my tears and decided to kill the love I felt for this toxic, narcissistic guy.

I called him and told him not to come to my house anymore. He laughed and told me he was on his way. We had sex again. My heart and soul didn't want him anymore, but my body couldn't resist his temptations.

This went on for another three months. One Sunday in February 2024, he came to take advantage of my body again. After the act, I was filled with rage. I started insulting him. He only took me seriously when I threw his clothes over the balcony, at which point he grabbed me. We fought, breaking things in my room, and I threatened him with a knife until he finally left.

Once outside, he shouted and called me names. I cried in my bedroom, ashamed of how the neighbours looked at me. I blocked him from all my social media accounts. For a month, I didn't leave my room. I was plunged into depression and lost all taste for life.

To recover, I cultivated my passions for music, cooking, and spending time with friends. I focused on my work, removing anything that might trigger sadness or anger. This helped rebuild my self-confidence and self-esteem, and I finally managed to remove Bastou from my life for good.

Even if I still hold love for him somewhere in my heart, we'll never be together again for my own well-being and mental health. I'm now building a new relationship with Rudy, my new boyfriend. He loves me deeply and shows it, though I'm still somewhat suspicious of his feelings. Fortunately, he understands me, and I hope that with time, I'll be able to fully reciprocate his love. For now, I'm simply enjoying my life, my freedom, and my youth.

Mèmè Minaj is responsible for youth activities at Big Mama, an LGBTQAI+ human rights association in Togo. They also serve as a peer educator specialising in HIV/AIDS screening and STI treatments and as a community leader organising educational events for Togo's LGBTQAI+ community.

PLAISIR TOXIQUE

MÈMÈ MINAJ
Togo

J'ai vu Bastou descendre les marches de la salle de classe avec un air innocent et un joli sourire. C'était en 2012. J'avais 13 ans et j'étais au collège à Lomé. Je l'observais de loin durant des mois.

Un soir, alors que je causais avec des amis au quartier, il s'est joint à nous. Je suis tombé·e amoureux·se de lui cette nuit-là. Son joli visage ne quittait plus mon esprit. Son corps sportif et son teint caramélisé me hantaient. Je ne lui avais jamais avoué mes sentiments, car j'avais peur des représailles s'il était homophobe. Je cachais mes désirs au fond de moi, parmi mes fantasmes les plus fous.

Quand l'été est arrivé, je m'apprêtais à passer de superbes vacances en compagnie de mon prince charmant, mais il est parti au village pour y continuer ses études. C'était comme si mon monde, le pays des merveilles, s'effondrait. J'ai passé tout l'été à penser à lui et mes sentiments commençaient par s'estomper.

Huit ans plus tard, j'habitais toujours le même quartier. J'avais oublié Bastou jusqu'à ce fameux samedi soir où je causais au téléphone avec un ami queer qui lui aussi était allé au collège avec nous. Au cours de la conversation, il m'a dit subitement : « Bastou te salue, il est avec moi ici. »

Quoi ?! Mais d'où il sort ?! Cette nuit-là, lui et moi avons causé au téléphone. Il m'a fait savoir qu'il était hétéro, mais qu'il serait curieux d'essayer avec un mec. De là a débuté une série de discussions nocturnes entre Bastou et moi.

On parlait de tout et de rien, de nos vies professionnelles, de nos joies et peines, jusqu'à nos vies sexuelles. On s'était donné de petits surnoms romantiques comme bébé, chéri, amour. Dans le quartier, on se voyait dans la journée, mais gardions nos distances comme de simples connaissances pour ne pas éveiller les soupçons.

Après deux ans d'amitié sur WhatsApp, il s'est enfin décidé à me rendre visite. Il était assis en face de moi sur une chaise, vêtu d'une chemise et d'un short fleuri qui laissaient deviner son corps sportif. J'étais excité·e, imaginant des ébats sexuels avec lui, mais je n'ai rien fait pour lui faire savoir ce que je ressentais à ce moment précis.

Après son départ, il m'a posé la question de savoir s'il me faisait de l'effet. Il avait dû le deviner sur mon visage qui n'arrivait plus à rien cacher. Il m'a dit : « Comme actuellement, je n'ai pas de meuf, je peux m'entraîner avec toi pour améliorer mes performances sexuelles en attendant de trouver une nouvelle copine. » Enfin, l'opportunité de toucher et caresser son corps.

J'ai donc accepté sa proposition et on est devenu·es des sex-friends. On faisait le sexe presque tous les jours dans tous les coins et recoins de ma chambre. Je le laissais réaliser ses fantasmes avec moi. Certains ne me plaisaient pas, mais je ne voulais pas que ces moments avec lui s'arrêtent, donc je supportais.

Il hantait mon esprit et mon âme. Il me possédait. Il utilisait mon corps comme il le voulait. Je n'arrivais plus à dire non à tous ces caprices et ça devenait une prison sexuelle sans que je ne m'en rende compte.

Pendant ce temps, j'espérais qu'il tombe amoureux de moi pour qu'on ait une relation sérieuse. Je prenais soin de lui, je l'habillais, je le nourrissais, je faisais tout pour lui, d'autant plus que moi-même, je disposais de peu de moyens financiers.

Après sept mois de sexe, je n'avais toujours pas eu droit à quoi que ce soit de sa part. Il ne se gênait même pas pour draguer des filles en ma présence et osait même me demander de le laisser les ramener chez moi, chose que je refusais.

Un jour, après avoir baisé comme dans un film de Kama Sutra, on se reposait sur mon lit et je lui ai posé la question de savoir s'il ressentait quelque chose pour moi. À ma grande surprise, sa réponse a été « Je ne ressens absolument rien pour toi. Je ne suis ni gay ni bisexuel. Je suis un hétéro qui aime baiser le cul de temps à autre. » J'étais terrassé·e. Je me sentais dégoûtant·e et j'avais honte. Mais comme toujours, je lui ai encore trouvé une excuse pour ne pas le détester.

Notre liaison a continué ainsi pendant plusieurs mois durant lesquels il me méprisait, m'insultait, me brutalisait au cours de nos rapports sexuels. J'avais des lésions anales mais il s'en foutait. Si je tentais de me révolter, il redevenait doux et aimant pour me retenir dans cette cage sexuelle. Je lui appartenais et il me faisait perdre confiance en moi en me rabaissant tout le temps.

Un beau matin, je me suis réveillé·e. Devant mon miroir, j'ai pleuré encore et encore. J'ai remis toute ma vie en question et puis je me suis rappelé·e de la personne forte, résiliente et courageuse que je suis. Au Togo, je suis un·e leader communautaire qui redonne la force et l'envie de vivre à mes ami·es LGBTQAI+ qui sont renvoyé·es de chez elleux et renié·es par leurs familles. J'accompagne celleux qui sont séropositif·ves au centre médico-social et ont perdu tout espoir de vivre. Pourquoi je tomberais si bas ? J'ai essuyé mes larmes et j'ai décidé de tuer cet amour que je ressentais pour cette personne toxique et narcissique.

Je l'ai appelé et je lui ai dit de ne plus venir chez moi. Il m'a ri au nez et m'a dit qu'il arrivait. On a encore fait le sexe. Mon cœur et mon âme ne voulaient plus de lui mais mon corps n'arrivait pas à résister à ses tentations.

Ça a continué ainsi pendant trois mois encore. Un dimanche de février 2024, il est encore venu profiter de mon corps. Après l'acte, une colère extrême est montée en moi. J'ai commencé par l'insulter. Il ne me prenait pas au sérieux jusqu'à ce que je jette ses habits qui étaient chez moi par-dessus le balcon, c'est à ce moment qu'il s'est levé pour m'attraper. On s'est battu·es jusqu'à ce qu'on casse des choses dans ma chambre. Je l'ai menacé avec un couteau avant qu'il ne sorte.

Une fois dehors, il a crié, il m'a insulté·e en me traitant de tous les noms. J'ai pleuré dans ma chambre et j'avais honte du regard des voisin·es. Je l'ai bloqué sur tous mes réseaux sociaux. J'ai passé un mois sans sortir de ma chambre, plongé·e dans la dépression. Je n'avais plus goût à la vie.

Pour améliorer ma santé mentale et me rétablir, je me suis concentré·e sur mes passions pour la musique, la cuisine, et les sorties entre ami·es. Je me suis concentré·e sur mon travail. J'ai supprimé tout ce qui pouvait me rendre triste ou en colère. Ça m'a beaucoup aidé à retrouver ma confiance en moi et mon estime de soi. J'ai finalement pu faire sortir Bastou de ma vie définitivement.

Même si cet amour que j'ai pour lui existe toujours quelque part dans mon cœur, jamais je ne serai plus avec lui pour mon propre bien-être et ma santé mentale. Actuellement je suis en train de construire une nouvelle relation amoureuse avec Rudy, mon nouveau mec. Il m'aime beaucoup et me le démontre, mais moi je reste méfiant·e quant à ses sentiments. Heureusement qu'il me comprend et j'espère qu'avec le temps, je pourrai moi aussi ressentir ce qu'il ressent pour moi. Pour le moment, je profite juste de la vie, de ma liberté et de ma jeunesse

Mèmè Minaj est responsable des activités pour les jeunes membres de l'association « Big Mama », une association de défense des droits humains LGBTQAI+ au Togo. Dans le cadre de ses activités d'éducateurice spécialisé·e dans le dépistage du VIH/sida et le traitement des IST, et d'animateurice communautaire, Mèmè organise des événements éducatifs pour la communauté LGBTQAI+ du Togo.

BLOOMING IN THE SHADOWS

IVY WERIMBA
Kenya

I was 17 when the unsettling feeling that had been bubbling inside me finally burst. I was a misfit.

It was 2010 and I was in my last year at an all-girls Catholic boarding school in Embu County. My friends would gush about their crushes and giggle over letters they'd received from boys. While they dreamed of post-high school dates, my future felt uncertain. As the pressure of our final exams built, I doubled down on my studies.

Every morning that year, I sought refuge at the school chapel. There, I would have quiet conversations with God, begging for strength to pass my exams and for answers I wasn't yet ready for. My friends' world of crushes and whispered secrets felt like a foreign language, while the faith I'd grown up with offered me a sense of comfort.

A troubling question hung over my head – am I the only one who doesn't find boys interesting? Maybe I just hadn't met the "right" one.

But a deeper truth was starting to surface, a truth I desperately pushed down for fear of disrupting the fragile peace I'd found in prayer. Getting good grades remained my most pressing concern. I couldn't risk failing. Going to university felt like my only escape route. There, perhaps, I could finally try to figure out the tangled feelings simmering within me.

My year-long break after high school yielded no answers, and starting university offered none of the clarity I craved. The constant pressure to conform was like a persistent shadow that followed me everywhere.

As a psychology student at the University of Nairobi, I tried to unravel myself through the theories we were learning. I held tightly to the idea that nights out with new friends might loosen me up enough to find my place.

One Friday night, I agreed to go out with my friend Lynn and her friends from another school. A familiar discomfort settled in as we made our way to a house party in Westlands. Being the only single person in my friend group had become a running joke, and I desperately wanted to shed this label.

As the night unfolded, we laughed, danced, and drank. Soon enough, the inevitable drinking games began. We started with Spin the Bottle – a game designed for awkward encounters. It was finally my turn to spin. The bottle pointed at Lynn, and someone in the group shouted, "Kiss her!".

My breath caught.

With all the courage I could muster, I did it. I was overwhelmed with a rush I can't explain. Was this what I was supposed to feel? I quickly sat down and faced the floor, too afraid for anyone to see the crushing realisation I had arrived at.

At 22, in my third year at university, I finally started forging my own path.

The extra class on religion I took that semester opened a Pandora's box, challenging my beliefs and fuelling my curiosity. As we investigated sacred stories through historical lenses and dissected their origins, the text seemed less divine and more like the product of human experience.

This new knowledge resonated with what I'd learned in psychology classes and offered a broader perspective on the complexities of human nature. The idea of surrendering to the confines of religious teachings no longer appealed to me.

The confusion that whirled within me began to seep into every aspect of my life, including my faith.

Going to church now felt like a forced performance. The familiar stories and songs that had once given me a sense of comfort now felt hollow. I tried a new church, but its shorter youth-focused services still felt like an eternity given the dissonant questions in my mind. Every hymn sung and prayer uttered felt like a plea to a God I wasn't sure I believed in anymore. The thought of confessing these doubts about my faith in God and my identity to my parents filled me with fresh waves of anxiety. Could I bear to disappoint them?

Soon the tug-of-war between my evolving beliefs and the comfort of tradition reached a breaking point. I left the church. Doing so felt like tearing off a bandage, exposing a raw vulnerability I hadn't acknowledged before. It was a scary step, but one that propelled me forward.

Years later, while working at an advertising company, a friend called me about collaborating on a project. It was 2018, at the height of an LGBTQ+ decriminalisation case in Kenya, and they were creating a campaign to build support. I took it as a chance to help create the narrative I craved as a young woman navigating my own identity.

The resulting campaign, "Love is Human", channelled biblical scripture to create a powerful message of acceptance. It was an ode to those who, like me, wrestled with societal expectations, and a call to action for those who made existing authentically so difficult.

Billboards featuring our message were placed across Kenya, sparking fresh conversations about LGBTQ+ people in our country. When the High Court ruled against decriminalising same-sex sexual activity in 2019, I was disappointed but still proud of our campaign's undeniable impact. It showed me the power of storytelling and the importance of voices like ours being heard. It was a turning point, not just for our LGBTQ+ community, but for me personally as well.

Through my advocacy work, I continue to craft stories that offer solace and support for people navigating their own journeys of self-acceptance. This path of self-discovery has forged me into the storyteller I never knew I could be.

Ivy Werimba is a feminist, communications strategist, and project manager based in Nairobi. She uses her knowledge to redefine what communications for the LGBTQ+ community can look like in a bid to mainstream their concerns.

FLEURIR DANS L'OMBRE

IVY WERIMBA
Kenya

J'avais 17 ans lorsque le malaise troublant qui bouillonnait en moi a fini par éclater : je n'avais pas ma place dans ce monde.

C'était en 2010, et j'étais en dernière année dans un internat catholique pour filles dans le comté d'Embu. Mes amies s'extasiaient de leurs amourettes et gloussaient en lisant les lettres que leur envoyaient les garçons. Alors qu'elles rêvaient de rendez-vous amoureux après le lycée, mon avenir me semblait incertain. Avec la pression des examens de fin d'année qui augmentait, je redoublais d'efforts dans mes études.

Cette année-là, je me réfugiais dans la chapelle de l'école chaque matin. Là, je discutais tranquillement avec Dieu, lui demandant de me donner la force de réussir mes examens et les réponses que je n'étais pas encore prête à entendre. L'univers de mes amies, entre béguins et secrets chuchotés, me semblait étrange, tandis que la foi dans laquelle j'avais grandi m'apportait un certain réconfort.

Une question troublante me hantait néanmoins : étais-je la seule à ne pas trouver les garçons intéressants ? Peut-être n'avais-je tout simplement pas encore rencontré le « bon. »

Mais une vérité plus profonde commençait à prendre forme, une vérité que j'enfouissais désespérément par crainte de perturber la paix fragile que j'avais trouvée dans la prière. Obtenir de bonnes notes restait ma priorité absolue. Je ne pouvais me permettre d'échouer. Aller à l'université semblait être la seule issue pour moi. Là, peut-être, je pourrais enfin tenter de comprendre les sentiments complexes qui bouillonnaient en moi.

L'année de césure que je m'étais octroyée après le lycée ne m'avait pas apporté les réponses que j'attendais, et l'entrée à l'université n'a pas dissipé le flou intérieur que je ressentais. La pression constante de devoir me conformer me suivait partout, telle une ombre obstinée.

Étudiante en psychologie à l'université de Nairobi, j'ai tenté de comprendre qui j'étais à travers les théories que nous étudions. Je m'accrochais à l'idée que les soirées avec de nouvelleaux ami·es pourraient me permettre de me détendre suffisamment pour enfin trouver ma place.

Un vendredi soir, j'ai accepté de sortir avec mon amie Lynn et ses ami·es qui fréquentaient une autre université. Un malaise familier s'est installé alors que nous nous rendions à une fête dans une maison de Westlands. Être la seule personne célibataire de mon groupe d'ami·es était devenu une blague récurrente, et je voulais désespérément me débarrasser de cette étiquette.

Pendant la soirée, nous avons ri, dansé et bu. Très vite, les inévitables jeux d'alcool ont commencé. Nous avons commencé par le jeu de la bouteille, un jeu conçu pour susciter de la gêne. C'était enfin mon tour de faire tourner la bouteille. Celle-ci pointait vers Lynn, et quelqu'un·e dans le groupe a crié : « Embrasse-la ! »

J'en ai eu le souffle coupé.

Avec tout le courage dont j'étais capable, je l'ai fait. J'ai été submergée par un élan que je ne peux pas expliquer. Était-ce ce que je devais ressentir ? Je me suis rapidement assise et j'ai fixé le sol, trop effrayée à l'idée que quelqu'un·e puisse percevoir l'écrasante réalisation à laquelle je venais de parvenir.

À l'âge de 22 ans, en troisième année d'université, j'ai enfin commencé à tracer mon chemin.

Le cours optionnel de religion que j'ai suivi ce semestre-là a ouvert une boîte de Pandore, remettant en cause mes croyances et alimentant ma curiosité. Alors que nous examinions les textes sacrés sous un angle historique et que nous disséquions leurs origines, le texte semblait moins empreint du divin et davantage un produit de l'expérience humaine.

Ces nouvelles connaissances rejoignaient ce que j'avais appris en cours de psychologie et m'offraient une perspective plus large sur les complexités de la nature humaine. L'idée de me soumettre aux limites des enseignements religieux ne m'attirait plus.

La confusion qui régnait en moi a commencé à s'infiltrer dans tous les aspects de ma vie, y compris dans ma foi.

Aller à l'église ressemblait désormais à une corvée. Les histoires et les chants familiers qui m'avaient autrefois réconfortée me semblaient maintenant creux. J'ai testé une nouvelle église, mais les offices, bien que plus courts, axés sur la jeunesse, me semblaient durer toute une éternité, surtout face à l'état de dissonance dans lequel se trouvait mon esprit. Chaque hymne chanté et chaque prière dite ressemblaient à une supplique adressée à un Dieu en qui je n'étais plus sûre de croire. L'idée d'avouer à mes parents que ma foi en Dieu et mon identité suscitaient tant de doutes, était encore plus anxiogène. Pouvais-je supporter de les décevoir ?

Bientôt, le tiraillement entre l'évolution de mes opinions et le confort de la tradition a atteint un point de rupture. J'ai quitté l'Église. J'ai eu l'impression d'arracher un pansement et d'exposer une vulnérabilité brute que je n'avais pas reconnue auparavant. Cela a certes été une étape effrayante, mais cela m'a permis d'aller de l'avant.

Des années plus tard, alors que je travaillais dans une agence de publicité, un·e ami·e m'a appelée pour collaborer sur un projet. C'était en 2018, au moment où la dépénalisation des relations sexuelles entre personnes de même sexe faisait débat au Kenya, et iels étaient en train de mettre en place une campagne de soutien. J'ai vu là une occasion d'aider, de façonner le discours que je souhaitais entendre en tant que jeune femme en quête de sa propre identité.

La campagne qui en a résulté, « L'amour est humain » (Love is Human), s'est inspirée des écritures bibliques pour créer un puissant message d'acceptation. Il s'agissait d'une ode à celleux qui, comme moi, luttaient contre les normes sociales, et d'un appel à l'action pour celleux qui rendent impossible le fait de (se) vivre en toute authenticité.

Des panneaux d'affichage reprenant notre message ont été placés un peu partout au Kenya, suscitant de nouvelles polémiques sur les personnes LGBTQ+ dans notre pays. Lorsque la Haute Cour s'est prononcée contre la dépénalisation des relations sexuelles entre personnes de même sexe en 2019, j'ai été déçue mais néanmoins fière de l'impact indéniable de notre campagne. Cela m'a montré le pouvoir du storytelling et l'importance de faire entendre des voix comme les nôtres. Cela a marqué un tournant, non seulement pour notre communauté LGBTQ+, mais aussi pour moi personnellement.

Dans le cadre de mes activités de plaidoyer, je continue à écrire des histoires qui apportent du réconfort et du soutien aux personnes qui sont en quête d'acceptation de soi. Découvrir qui je suis m'a permis de devenir cette personne qui fait du storytelling, ce que je n'aurais jamais pu imaginer.

Ivy Werimba est féministe, stratège en communication et cheffe de projet basée à Nairobi. Elle utilise ses connaissances pour redéfinir ce à quoi peut ressembler la communication autour de la communauté LGBTQ+ dans le but de pouvoir rendre publiques leurs préoccupations.

FINDING MY WORTH

*SUNNY
Egypt

As a teen in the early 2000s, I dreamt of becoming a musician or visual artist. Few creative job opportunities exist in Egypt, so in 2021 I decided to move to the United Arab Emirates, which was booming with jobs and seemed so sophisticated. After teary goodbyes to family and friends, I left Egypt with a heart full of hope, excited to fulfil my dreams abroad.

Upon arriving in Dubai, I applied for the "Golden visa", a long-term residence visa for artists and other professionals. At the same time, I was hired as a social media manager for an international agency. Three months in, my visa application was provisionally approved. I was ecstatic!

The next phase of the process was a routine medical exam. One week after my tests, I received an email that changed my life. My medical results had come back, and I was HIV positive. This was the first I learned I had the disease.

I was frozen with terror at what this would mean for my future. Crying uncontrollably, I called a close Egyptian friend who was also living in Dubai and asked him to take me for my follow-up appointment. The medical officer on duty sternly asked my friend to wait outside the room. When we were alone, the officer told me again of my HIV diagnosis. He explained that because of the disease, I could not stay in the UAE. He said I had two options: I could leave peacefully or be deported by the government. "Go back to Egypt. It is responsible for your medications", he concluded.

This incident shattered my illusion of the UAE as a welcoming and advanced nation. I learned first-hand the depths of discrimination against foreigners and people living with HIV there. Later, after researching other Arab countries, I learned that many of them, including Egypt, also deport HIV-positive foreigners.

Leaving Dubai so soon after my arrival was heartbreaking. From the window seat on my flight back to Egypt, I watched the land where I'd hoped to achieve my dreams disappear. A few hours later, I watched Egypt come into view. I worried about all the questions and uncertainties I would face back home. My family and friends would wonder why I'd returned from the UAE so quickly. None of them knew I was gay.

Illustration by Elliot Jaudz Oliver

As someone living with HIV in Egypt's conservative, homophobic society, I feared stigma and discrimination. I started taking medication soon after returning to Egypt but kept the truth about my disease from family and friends. With the help of a psychologist, I worked to overcome suicidal thoughts stemming from my diagnosis and the challenging realities of being gay in Egypt. My country's laws and its majority conservative Muslim culture harshly condemn LGBTQI people. My fear of being outed as gay and rejected by family and friends was and remains a constant source of terror.

While working to accept my new reality, a friend sent me a job post for a social media manager position at an organisation that promotes the rights of Egypt's queer community. This group also tests and counsels people living with HIV/AIDS, and provides other services such as refugee assistance, legal advice, and psychological support. I applied for the job. The opportunity to advocate for the rights of our queer community felt like a new chapter in my life. Happily, I was hired in May 2023, two years after leaving for Dubai.

As social media manager, I now conduct advocacy campaigns to advance the rights of Egypt's queer community and people living with HIV/ AIDS. Our social media campaigns are designed to build societal support and pressure decision-makers to alleviate the many challenges Egypt's queer community face, including the government's use of morality laws to prosecute homosexuality.

Working for a queer advocacy group has improved my life in so many ways. For the first time, I feel confident and whole. I now know my true worth and am increasingly optimistic that Egypt, and other societies across the world that deny and condemn the rights of queer communities, will eventually embrace justice and human rights for all.

Sunny lives in Egypt where he creates LGBTQI+-positive videos and social media posts to improve attitudes towards gender and sexual minorities at home and in other Arab nations.

TROUVER MA VALEUR

*SUNNY
Égypte

Adolescent au début des années 2000, je rêvais de devenir musicien ou artiste visuel. En Égypte, peu nombreuses étaient les perspectives d'emploi dans le domaine créatif. En 2021, j'ai donc décidé de m'installer aux Émirats arabes unis qui semblaient un pays à la pointe du progrès où le marché de l'emploi était en plein essor. Après des adieux déchirants à ma famille et à mes amis, j'ai quitté l'Égypte le cœur plein d'espoir, impatient de réaliser mes rêves à l'étranger.

À mon arrivée à Dubaï, j'ai demandé le « Golden Visa », un visa de résidence à long terme pour les artistes et autres professionnels. Parallèlement, j'ai été engagé comme responsable des réseaux sociaux dans une agence internationale. Trois mois plus tard, ma demande de visa a été provisoirement approuvée. J'étais aux anges !

La phase suivante du processus consistait en un examen médical de routine. Une semaine après mes tests, j'ai reçu un courriel qui a changé ma vie : les résultats de mes analyses médicales étaient arrivés et j'étais séropositif. C'était la première fois que j'apprenais que j'avais cette maladie.

J'étais terrorisé à l'idée de ce que cela signifiait pour mon avenir. Inconsolable et en pleurs, j'ai appelé un proche ami égyptien qui vivait également à Dubaï et lui ai demandé de m'accompagner à mon rendez-vous de suivi. Le médecin de garde a sévèrement demandé à mon ami d'attendre à l'extérieur de la pièce. Lorsque nous nous sommes retrouvés seuls, le médecin m'a de nouveau annoncé ma séropositivité au VIH. Il m'a expliqué qu'en raison de la maladie, je ne pouvais pas rester aux Émirats arabes unis. Il m'a dit que j'avais deux options : Je pouvais partir pacifiquement ou être expulsé par le gouvernement. « Retournez en Égypte. C'est l'Égypte qui doit prendre en charge votre traitement », a-t-il conclu.

Cet incident a brisé les illusions que je m'étais faites des Émirats arabes unis en tant que pays accueillant et avancé. J'ai personnellement découvert l'ampleur de la discrimination à l'encontre des étranger·es et des personnes vivant avec le VIH dans ce pays. Plus tard, après avoir fait des recherches sur d'autres pays arabes, j'ai appris que nombre d'entre eux, dont l'Égypte, expulsaient également les étranger·es séropositif·ves.

Quitter Dubaï si peu de temps après mon arrivée m'a brisé le cœur. Depuis le siège côté hublot de mon vol retour vers l'Égypte, j'ai vu disparaître le pays où j'avais espéré réaliser mes rêves. Quelques heures plus tard, j'ai vu l'Égypte apparaître. Je m'inquiétais de toutes les questions et incertitudes auxquelles je serais confronté de retour au pays. Ma famille et mes ami·es allaient se demander pourquoi j'étais si vite revenu. Aucun d'entre eux ne savait que j'étais gay.

En tant que personne vivant avec le VIH dans une société égyptienne conservatrice et homophobe, je craignais la stigmatisation et la discrimination. J'ai commencé à suivre un traitement peu après mon retour en Égypte, mais j'ai caché la vérité sur ma maladie à ma famille et à mes ami·es. Avec l'aide d'un·e psychologue, je suis parvenu à surmonter les pensées suicidaires liées à mon diagnostic et aux défis auxquels sont confrontées les personnes gays en Égypte. Les lois de mon pays et la culture musulmane conservatrice qui prédomine condamnent sévèrement les personnes LGBTQI. La peur que l'on découvre mon orientation sexuelle et que ma famille et mes ami·es me rejettent était et reste une source constante de terreur.

Alors que je m'efforçais d'accepter ma nouvelle réalité, un·e ami·e m'a envoyé une offre d'emploi pour un poste de responsable des réseaux sociaux au sein d'une association qui défend les droits de la communauté queer en Égypte. Ce groupe effectue également des tests de dépistage et conseille les personnes vivant avec le VIH/sida, et fournit d'autres services tels que l'assistance aux réfugié·es, des conseils juridiques et un soutien psychologique. J'ai posé ma candidature. La possibilité de défendre les droits de notre communauté queer semblait marquer le commencement d'un nouveau chapitre de ma vie. Heureusement, j'ai été embauché en mai 2023, deux ans après mon départ de Dubaï.

En tant que responsable des réseaux sociaux, je mène aujourd'hui des campagnes de plaidoyer pour faire progresser les droits de la communauté queer en Égypte et des personnes vivant avec le VIH/sida. Nos campagnes sur les réseaux sociaux visent à mobiliser le soutien de la société et à faire pression sur les décideureuses pour améliorer les conditions de vie et le traitement de la communauté queer en Égypte, notamment en ce qui concerne l'utilisation par le gouvernement des lois sur les mœurs pour punir l'homosexualité.

Travailler pour un groupe de défense des droits des personnes queers a amélioré ma vie à bien des égards. Pour la première fois en effet, j'ai confiance en moi et je me sens entier. Je sais désormais ce que je vaux réellement et je suis de plus en plus optimiste quant au fait que l'Égypte, et d'autres sociétés dans le monde qui nient et rejettent les droits des personnes queers, finiront par reconnaître que la justice et la préservation des droits humains nous concernent tou·tes.

Sunny vit en Égypte où il crée du contenu à caractère positif pour les personnes LGBTQI+ destiné aux réseaux sociaux afin d'améliorer les attitudes à l'égard des minorités sexuelles et de genre dans son pays et dans d'autres pays arabes.

SEEING YELLOW

YUCK MIRANDA
Mozambique

Stella, Latin for "star", was the middle of three sisters and the star of her family. At 16, she was dedicated to her studies and many talents, including writing and dancing.

One day in 1993, she lost her virginity to the first man she loved, a 19-year-old gang member in Maputo. Soon Stella noticed a little star growing in her belly.

It didn't take long for me to come into the world. I was born prematurely but cried so hard the doctor knew I was strong. I wasn't born for incubators – or closets.

In the days after my birth, people came from all over the neighbourhood to see me, the son of a teenager born without warning. As no one knew my gender, everyone brought me yellow. It seemed like a good omen that the blue and pink traditionally assigned to babies would have nothing to do with my being and essence.

I wore yellow throughout my early childhood. When I went to elementary school, I had to start wearing the traditional boys' uniform of blue pants, starched shirts, and a tie around my neck.

I was the effeminate boy who only played with girls, the son of a single mother adopted by his grandparents. Whenever I passed through the school corridors, bullies would insult me. Once, a group of boys tried to take off my pants in the school yard. I realised early on that life wouldn't be easy, but I survived. I gained autonomy and stood my ground, but I also lost parts of myself with every fight.

When I reached adolescence, I resolved to change schools and become an "ordinary" boy. I thought if nobody knew me, I could be someone else. I would walk and talk like the other boys, dress like them, get up to mischief. But my plan failed. When I arrived at the new school, I was still the same effeminate teen, which meant all sorts of threats. One boy made me pay him to not beat me up. When the school year ended, I asked my grandmother to send me to another school. But I couldn't run away from myself anymore.

Illustration by Imad Zoukanni

As the years went on, I grew up and embraced my essence. I worked towards becoming a theatre diva. In 2017 I was acting with the largest professional theatre company in Mozambique. I was living the dream in a place where people respected me, my sexual orientation, and my gender identities. Then my estranged father appeared out of nowhere.

Wherever I went, people would say my father was looking for me. Eventually, driven by anxiety and some internal need, maybe the hope of a father protecting me, I called him.

We arranged to have coffee after one of my rehearsals. I arrived at the café first, my legs shaking anxiously. I couldn't wait for Dad to arrive.

When he did, he maintained a faraway look and asked me the questions absent fathers do.

"How are you, son? Where are you living now? Have you finished school? Are you at university? And you're still doing art? That won't get you anywhere, my son."

His questions petered out, and our conversation stalled. I asked why he was looking for me. He answered with another question.

"Son, what do you really like?"

I could tell what my father wanted to know and didn't hesitate to answer.

"Dad, I've been homosexual ever since you understood me as a person."

"Do you know that people like you are killed?"

"I know that very well. But that's not the case in Mozambique. We've never had a case like that here."

My father fixed his gaze.

"We haven't had a case yet, but I think we might."

He lifted up his shirt to reveal a gun and placed it on the table.

"Shoot me, Dad, if that's your wish. You're so cowardly to come with a gun."

"Don't provoke me, Yuck. I'm a thug and you know it. I'll kill you."

Shaking, I got up to leave the restaurant, but he put the gun to my forehead. I saw death – dark and sober. Just when I thought I would see the afterlife, my father rushed out to his Mercedes and sped off.

In my struggle to stay alive and away from my father, I fought with the local police and in court, but no one protected me. "You live in a country that's safe for LGBTQ+ people," they told me, "Go talk to a psychologist".

Despite my fear and pain, there was a strength inside me that wouldn't give in. My heart felt like a ticking bomb, but I knew I had to tell my story and give voice to those worse than my own.

That's how my project "Non-Identified Identities" began in 2018.

Using artivism, I share my story and more than 200 others I've collected from LGBTQ+ people in Mozambique, South Africa, Rwanda, France, and Finland so that people can understand the daily realities LGBTQ+ communities face in these supposedly "safe spaces" where our rights and dignity are still violated.

This project is a provocation to create real safe spaces that protect us not just on paper but in our homes, in our bodies, and in our streets. Only then will we be safe and free.

Yuck Miranda is a Mozambican actor and performer in Maputo. His creative advocacy and artivism advance LGBTQ+ rights, children's rights, and gender equality.

VOIR JAUNE

YUCK MIRANDA
Mozambique

Stella, « étoile » en latin, était la deuxième de trois sœurs et la star de sa famille. À 16 ans, elle se dédiait à ses études et à ses nombreux talents, dont l'écriture et la danse.

Un jour de 1993, elle a perdu sa virginité avec le premier homme qu'elle a aimé, un jeune homme de 19 ans, membre d'un gang de Maputo. Très vite, Stella s'est rendu compte qu'une petite étoile grandissait dans son ventre.

Il n'a pas fallu longtemps pour que je vienne au monde. Je suis né prématurément, mais j'ai tellement pleuré que le médecin a su que j'étais un battant. Je n'étais fait ni pour les couveuses ni pour être relégué au placard.

Dans les jours qui ont suivi ma naissance, les gens sont venus de tout le quartier pour me voir, moi, le fils d'une adolescente, né sans crier gare. Comme personne ne connaissait mon genre, tout le monde m'a apporté du jaune. C'était de bon augure, vu que le bleu et le rose traditionnellement attribués aux bébés n'avaient absolument rien à voir avec mon être et mon essence.

Toute mon enfance, j'ai porté du jaune. Lorsque je suis entré à l'école primaire, j'ai dû commencer à porter l'uniforme traditionnel des garçons : pantalon bleu, chemise amidonnée et cravate au cou.

J'étais le garçon efféminé qui ne jouait qu'avec les filles, le fils d'une mère célibataire adopté par ses grands-parents. Chaque fois que je passais dans les couloirs de l'école, des voyous m'insultaient. Un jour, un groupe de garçons a essayé de m'enlever mon pantalon dans la cour de l'école. J'ai compris très tôt que ma vie ne serait pas facile, mais j'ai survécu. Je suis devenu autonome et j'ai tenu bon, mais à chaque bagarre, une partie de moi s'envolait.

Adolescent, j'ai demandé à changer d'école et j'ai décidé de devenir un garçon « comme les autres. » Je pensais que si on ne me connaissait pas, je pourrais me réinventer toute une nouvelle identité : je marcherais et parlerais comme les autres garçons, je m'habillerais comme eux, je ferais des bêtises. Mais mon plan a échoué. Lorsque je suis arrivé dans la nouvelle école, j'étais toujours ce même adolescent efféminé, ce qui m'a valu toutes sortes de menaces. Un garçon m'obligeait à le payer pour qu'il ne me tabasse pas. À la fin de l'année scolaire, j'ai demandé à ma grand-mère de m'envoyer dans une autre école. Mais je ne pouvais plus me fuir moi-même.

Au fil des années, j'ai grandi et j'ai assumé mon identité. Mon ambition était de devenir une grande dame du théâtre. En 2017, j'ai intégré la plus grande compagnie théâtrale professionnelle du Mozambique. Mon rêve se réalisait dans un contexte où les gens me respectaient, respectaient mon orientation sexuelle et mes identités de genre. C'est alors que mon père, longtemps absent, a resurgi de nulle part.

Partout où j'allais, les gens me disaient qu'il était à ma recherche. Finalement, rongé par l'anxiété et par un besoin interne – peut-être l'espoir d'avoir un père qui me protègerait – je l'ai appelé.

Nous avons convenu de nous retrouver autour d'un café après l'une de mes répétitions. Je suis arrivé le premier au café, les jambes vacillantes en raison de mon état d'anxiété. J'avais hâte que papa arrive.

Quand il est arrivé, son regard est resté lointain. Il m'a posé les questions que les pères absents posent.

« Comment vas-tu, mon fils ? Où vis-tu maintenant ? As-tu fini le collège ? Es-tu à l'université ? Et tu fais encore de l'art ? Cela ne te mènera nulle part, mon fils. »

Ses questions se sont espacées et notre conversation s'est arrêtée. Je lui ai demandé pourquoi il me cherchait. Il a répondu par une autre question.

« Mon fils, qu'est-ce que tu aimes vraiment ? »

J'ai compris ce que mon père voulait savoir et je n'ai pas hésité à répondre.

« Papa, je suis homosexuel, depuis toujours. »

« Tu sais qu'on tue les gens comme toi ? »

« Je le sais très bien. Mais ce n'est pas le cas au Mozambique. Nous n'avons jamais d'incidents de ce genre ici. »

Mon père m'a fixé du regard.

« Nous n'avons pas encore eu d'incidents de ce genre, mais cela pourrait changer. »

Il a relevé sa chemise pour sortir un pistolet qu'il a posé sur la table.

« Tue-moi papa, si c'est ce que tu veux. Tu es tellement lâche que tu as dû prendre un pistolet pour venir me voir. »

« Ne me provoque pas, Yuck. Tu sais que je suis un gangster. Je n'hésiterai pas à te tuer. »

Tremblant, je me suis levé pour quitter le restaurant, mais il a posé son arme sur mon front. J'ai vu la mort – sombre et sobre. Alors que je m'apprêtais à rejoindre l'au-delà, mon père s'est précipité dans sa Mercedes et a démarré à toute vitesse.

En cherchant à rester en vie et à tenir mon père loin de moi, je me suis battu avec la police locale et devant les tribunaux, mais personne n'a cherché à me protéger. Ils m'ont dit : « Tu vis dans un pays où les personnes LGBTQ+ sont en sécurité », « Va voir un psychologue. »

Malgré la peur et la douleur, quelque chose en moi refusait de céder. Mon cœur était une bombe à retardement, mais je savais que je devais raconter mon histoire et donner une voix à celleux qui étaient dans des situations pires que la mienne.

C'est ainsi que mon projet « Identités non identifiées » (Non-Identified Identities) a débuté en 2018. Grâce à l'artivisme, je partage mon histoire ainsi que les histoires de plus de 200 autres personnes LGBTQ+, des histoires que j'ai recueillies au Mozambique, en Afrique du Sud, au Rwanda, en France et en Finlande. L'objectif est de sensibiliser les gens au quotidien des communautés LGBTQ+ dans ces espaces prétendument « sûrs », où nos droits et notre dignité sont encore souvent bafoués.

Ce projet est une forme de provocation avec pour but de la création d'espaces véritablement sûrs où nous nous sentirions protégé·es, pas seulement sur le papier, mais aussi dans nos foyers, dans nos corps et dans la rue. Ce n'est qu'alors que nous pourrons véritablement être en sécurité et libres.

Yuck Miranda est un acteur mozambicain qui réside à Maputo. Son militantisme créatif et son artivisme contribuent à promouvoir les droits des personnes LGBTQ+, les droits des enfants et l'égalité des genres.

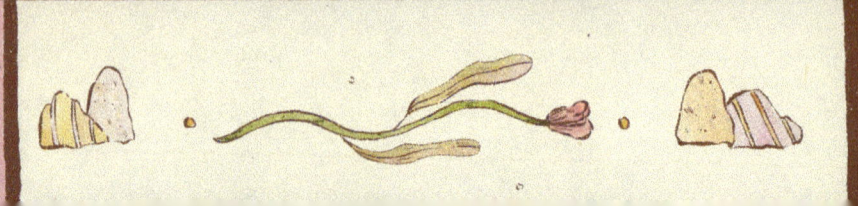

AWAKE

CHIKONDI
Zambia

When nothing feels right and you ask the universe for the strength to keep going, or just one win to reignite your will to live, most times the universe will send a twitching right eye or some loose change in a long-forgotten handbag. My sign came in 2019, when a beautiful woman slid into my car at a Lusaka bus stop.

Our meeting was pure coincidence. Ivy was catching up with an acquaintance I occasionally drove around. She mentioned how she dreaded using public transport, so our mutual friend asked if I had room for one more person in my car. Why not?

The moment I saw her I knew I could risk it all. Ivy's face was bright as the moon, and her muscular arms flexed perfectly in her white T-shirt. I caught a whiff of her earthy cologne. I could not stop staring at her through my rearview mirror. She was stunning, and her energy captivated me. After 24 years of denying my queer identity, I was finally awake.

We soon became inseparable and would drive around for hours just talking and enjoying each other's company. From our conversations, I knew she liked women. Most of my past relationships with women were flings, but I craved something different with Ivy. I struggled to tell her how I felt.

After a month of our escapades, I finally gathered the courage to ask her to kiss me. It was a moment so simple, yet magical. I saw fireworks as I closed my eyes and felt Ivy's lips press against mine. We were a perfect match, and a few months later we took our relationship to the next level as an official couple.

We integrated into each other's circles slowly. I was a young, closeted feminist coming to learn that a lot of what I'd been taught about gender and sexuality was deeply flawed. She was a queer activist proudly volunteering with Zambia's premier LBQ-led organisation Women's Alliance for Equality.

Most of my family and friends had reservations about homosexuality. They didn't hate gay people per se, but they certainly didn't accept us. I knew coming out would make me the giant elephant in the room. I had a few feminist friends who I was sure would accept me, but beyond them, I was afraid.

Eventually, I told a few close friends and trusted family members that I was in love with a woman. Not all of them understood. "It's just a phase", some

Illustration by Phili Memela

51

said. Others told me to hide it. I took to Twitter to tell my truth and started connecting with other queer people.

Ivy's circle was so diverse. It felt so refreshing to be surrounded by people like me. Through her, I met all sorts of activists. Some ran organisations that catered to the needs and interests of marginalised communities. Some were radical simply by existing and taking a stance against bigotry. Some lived in fear and just wanted to get by. Each of us was trying to live authentically, to manifest some version of our truth in a country that insists on silencing people who are different.

Meeting so many new people, while also experiencing microrejections from people I thought were my friends, helped me appreciate the concept of chosen family. I had hoped that once I stepped into the most authentic version of myself, my happiness would be enough to convince my people to accept me for who I was. I had always assumed the hardest part about my sexuality would be coming to terms with it, but the reality of my journey had only just started.

Outside the safe space Ivy and I shared, our families began to raise their concerns. My aunt started snooping and found us out. She told Ivy's family we were in a relationship, and I assume she told the rest of mine. We were forced to tell the truth about our relationship or lie. We told the truth, and this shifted the atmosphere in our homes. We both lived with our mums and were close to our extended families. Our news spread like wildfire.

I was no longer welcome at Ivy's place. Our dates involved me picking her up and dropping her off by the roadside. We never really experienced outward displays of homophobia, but the microaggressions we faced made clear that neither of our families approved of our relationship. We withdrew from them and searched for new safe spaces outside our family homes.

I threw myself into activism. I began using my experience as an example for people who thought it was too late to accept themselves or impossible to find community as a queer person in Zambia. I challenged the system in my own way, but I craved the opportunity to create a larger impact.

With time came experience. I started as a self-taught advocate and now work at Transbantu Association Zambia, an NGO that fights for the rights of Transgender and Intersex people.

That day in 2019 when I met Ivy, I thought my awakening was finally accepting myself. As I continue to live as a queer woman in a homophobic country, I experience rude awakenings every day. As long as Zambia uses our LGBTQI+ community as a political pawn, and denies us the right to exist in peace, I'll keep fighting for our freedom.

Chikondi is a queer Zambian woman passionate about the human rights of LGBTQ persons, adolescent girls, and young women. She currently works as Media and Communications Officer at Transbantu Association Zambia.

EVEIL

CHIKONDI
Zambie

Quand rien ne va plus et que vous demandez à l'univers de vous donner la force de continuer, ou tout juste une petite victoire, histoire de vous redonner goût à la vie, l'univers vous envoie la plupart du temps, un signe inattendu tel que l'œil droit qui tremble ou de l'argent qu'on retrouve dans un sac à main qu'on avait oublié depuis longtemps. J'ai reçu le signe que j'attendais en 2019, lorsqu'une belle femme s'est glissée dans ma voiture à un arrêt de bus de Lusaka.

Notre rencontre n'était que pure coïncidence. Ivy avait croisé et discutait avec une de mes connaissances qu'il m'arrivait de raccompagner en voiture de temps en temps. Elle a évoqué le fait qu'elle redoutait les transports en commun. Notre amie commune m'a donc demandé si j'avais de la place pour une personne de plus dans ma voiture. Pourquoi pas ?

Dès que je l'ai vue, j'ai su que j'étais prête à tout risquer pour elle. Le visage d'Ivy était aussi lumineux que la lune, et ses bras musclés étaient parfaitement dessinés sous son t-shirt blanc. J'ai senti son parfum. Je n'ai pas pu m'empêcher de l'observer dans le rétroviseur. Elle était magnifique et son énergie était captivante. Après 24 ans passés à nier le fait que j'étais queer, j'ouvrais enfin les yeux.

Nous sommes rapidement devenues inséparables et nous passions des heures en voiture à discuter et à apprécier la compagnie l'une de l'autre. D'après nos conversations, je savais qu'elle aimait les femmes. La plupart des relations précédentes que j'avais eues avec des femmes n'étaient que de simples aventures. Avec Ivy, j'avais envie de quelque chose de différent. J'ai eu du mal à lui avouer ce que je ressentais.

Après un mois passé ensemble, j'ai enfin trouvé le courage de lui demander de m'embrasser. Le moment en soi était si simple, mais [tellement] magique. En fermant les yeux et en sentant ses lèvres se poser sur les miennes, j'ai vu un feu d'artifice. Nous étions parfaitement compatibles et, quelques mois plus tard, nous avons franchi une nouvelle étape de notre histoire en officialisant notre relation.

Nous nous sommes intégrées lentement dans nos cercles respectifs. Moi, j'étais une jeune féministe qui découvrait qu'une grande partie de ce qu'on lui avait enseigné sur le genre et la sexualité était profondément erroné. Elle était une militante queer, fière d'être engagée comme bénévole dans la première association LBQ de Zambie, Women's Alliance for Equality (Alliance des femmes pour l'égalité).

La plupart des membres de ma famille et de mes ami·es avaient des réserves quant à l'homosexualité. Iels ne détestaient pas les personnes gays en soi, mais iels ne nous acceptaient certainement pas. Je savais que si je faisais mon coming out, mon entourage feindrait l'ignorance. J'avais quelques ami·es féministes qui, j'en étais sûre, m'accepteraient, mais au-delà d'iels, j'avais peur.

Finalement, j'ai dit à quelques ami·es proches et à des membres de ma famille en qui j'avais confiance que j'étais amoureuse d'une femme. Tou·tes n'ont pas compris. Certain·es m'ont dit : « Ce n'est qu'une phase. » D'autres m'ont dit de ne pas en parler. Je suis allée sur Twitter pour raconter mon histoire et j'ai commencé à nouer des liens avec d'autres personnes queers.

L'entourage d'Ivy était si divers. Ça faisait un bien fou d'être entourée de toutes ces personnes qui me ressemblaient. Grâce à elle, j'ai rencontré des militant·es de tous horizons. Certain·es dirigeaient des associations qui s'occupaient des besoins et des intérêts des communautés marginalisées. D'autres étaient radicaleaux simplement parce qu'iels existaient et prenaient position contre l'intolérance. D'autres vivaient dans la peur et voulaient simplement s'en sortir. Chacun·e d'entre nous essayait ainsi de vivre de la manière la plus authentique qui soit, en incarnant une certaine dimension de sa propre réalité dans un pays qui s'obstine à réduire au silence les personnes différentes.

Rencontrer tant de nouvelles personnes, tout en subissant des micro rejets de la part de celleux que je croyais être mes ami·es, m'a permis d'apprécier le concept de famille choisie. J'avais espéré qu'une fois devenue la version la plus authentique de moi-même, que mon bonheur suffirait à convaincre mon entourage de m'accepter telle que je suis. J'avais toujours pensé que la partie la plus difficile de ma sexualité serait de l'accepter, mais la réalité de mon parcours ne faisait que commencer.

En dehors de l'espace sûr qu'Ivy et moi partagions, nos familles ont commencé à manifester leur inquiétude. Ma tante a commencé à fouiner et a découvert notre relation. Elle a dit à la famille d'Ivy que nous étions en couple, et je suppose qu'elle l'a dit à la mienne aussi. Nous nous retrouvions obligées de, soit dire la vérité sur notre relation ou mentir. Nous avons choisi de dire la vérité, ce qui a changé l'ambiance dans nos familles respectives. Nous vivions toutes les deux chez nos mères et étions proches de nos grandes familles. La nouvelle s'est répandue comme une traînée de poudre.

Je n'étais plus la bienvenue chez Ivy. Quand nous devions nous voir, je devais aller la chercher et la déposer au bord de la route. Nous n'avons jamais été victimes d'actes ouvertement homophobes, mais les micro agressions auxquelles nous avons été confrontées montraient clairement qu'aucune de nos familles n'approuvait notre relation. Nous nous sommes éloignées d'elles et avons cherché de nouveaux espaces sûrs loin de nos familles.

Je me suis engagée dans l'activisme. J'ai commencé à utiliser mon expérience comme un exemple pour les personnes qui pensaient qu'il était trop tard pour s'accepter ou qu'il était impossible de trouver une communauté en tant que personne queer en Zambie. J'ai contesté le système à ma manière, mais j'avais envie de créer un impact plus important.

Avec le temps, j'ai acquis de l'expérience. J'ai commencé en autodidacte et je travaille maintenant à l'association Transbantu Zambie, une ONG qui lutte pour les droits des personnes transgenres et intersexes.

Ce jour de 2019 où j'ai rencontré Ivy, j'ai pensé que mon éveil consistait à m'accepter enfin. En tant que femme queer vivant dans un pays homophobe, je suis chaque jour confrontée à des prises de conscience violentes. Tant que la Zambie utilisera notre communauté LGBTQI+ comme pion politique et nous refusera le droit d'exister en paix, je continuerai à lutter pour notre liberté.

Chikondi est une femme zambienne queer passionnée par les droits humains des personnes LGBTQ, des filles adolescentes et des jeunes femmes. Elle travaille actuellement comme chargée de communication et des médias à l'association Transbantu Zambie.

HELLO

BOLAJI OYINDAMOLA
Nigeria

I was never one to stand out, but in a crowd of tittering girls, she saw me.

It was a cold Lagos morning in 2000. As we filled our secondary school auditorium for general assembly, I reflected on the prayer meeting I'd just attended. Amid the stress of school and all the turmoil of being 15, those meetings kept me grounded and gave me purpose.

"Hello."

Nani's voice broke through my solitary thoughts. Somehow, I'd never seen her before. She had kind eyes and a lively personality. From that day forward, she became my person.

Other friends teased me about our growing friendship. It was common for couples to be teased in our all-girls school, so I thought nothing of it. We stayed up late and fell asleep holding each other. Everything seemed so simple. Plenty of girls cuddled without anyone thinking it was "sinister." But one day a close friend pulled us aside and suggested we "tone it down; people are watching."

We thought we had a vague idea of what lesbians were: girls who snuck around because there were no boys. It was sinful. In school, there was a derogatory term for those girls: "lele". I was sure I wasn't a "lele" because we never did anything sexual.

In 2001, Nani and I gained admission to the same university in Lagos and I joined a Christian fellowship. This feeling of being connected to something bigger was comforting. By then I was aware of the "absurdity" of my feelings for her, but I was no longer afraid. I was intrigued. I resorted to watching movies and series about queer lives like "Bad Girls". I was thrilled to see these stories on TV and started to appreciate the "absurdity" of queer relationships.

We drifted apart at university, but one night during sophomore year, I saw Nani sitting alone and broke the silence.

"Hello!"

She looked at me, and her face lit up like a lamp. We went to my room and talked for hours. Before she left early in the morning, she whispered into my ear, "I'm gay."

Illustration by Nikita Abuya

I blinked incessantly. In addition to surprise, her confidence sparked a revelation. Everything suddenly made sense to me. It took someone with faith in her identity to nudge me towards my own "aha" moment.

With time, we grew close again. Nani confessed that seeing me after a long time resurrected so many feelings for her, and that was why she came out to me. It was her last-ditch effort to pull me into her orbit and make me aware of her love. She said any feelings she had for other girls after me paled in comparison to what we had. She came out to show me who she really was, to reclaim our bond. And even if it turned out I wasn't gay, she said, it would have been worth the risk.

Over the next few months, Nani's family accepted me as a close friend. I never struggled to accept that I'm gay, but something kept knocking in the back of my mind – can I still be Christian? Being Christian gave me a moral compass, a feeling of being grounded. Would moving forward with this relationship mean I couldn't be Christian anymore? I didn't think the two could mix. If I were no longer Christian, what would ground me? This question sent me into a tailspin, and I was adrift for a while.

Nani also struggled with being gay and Christian and would sometimes withdraw from me for days. We began to see less and less of each other and started drifting apart again. The difficult feelings surrounding our struggles were negatively affecting our relationship. Every time we saw each other brought a turbulent surge of emotions and lovemaking followed by intense guilt. This continued for more than a year. Eventually, we decided to stop seeing each other and try to overcome our struggles independently.

Looking for answers, I threw myself into church. My epiphany came when I asked a priest why we need to stop ourselves from sin when God forgives us anyway. "If a 'sin' does not hurt anyone, why should it be shameful?" I asked. "That's just the way it is", he responded.

I knew then and there that my need for connection and authenticity would not be found at church. I realised that the only way to truly feel connected was to understand myself, who I am as a person, and live life on my own terms. This realisation set me free.

In 2020, eight years after we broke up, I saw Nani's name pop up on my caller ID. I was hesitant to pick up. We had both said such hurtful things. Her call made me feel relieved and nervous at the same time. I answered.

"Hello."

Three years after that call, we got engaged and now live together. Our parents do not know about our relationship, nor would they give their blessing if they were to find out, but we feel proud of our growth as a couple and know that we do not need anyone's acceptance to live freely.

Falling in love with Nani has been wonderful, but what truly set me free was falling in love with and understanding myself. My long struggle and ultimate self-acceptance have made me committed to creating safe spaces for other queer women to live freely and express themselves authentically. I pray other queer women like me can find the same freedom.

Bolaji Oyindamola is the Senior Programme Officer for Communications and Advocacy at The Initiative for Equal Rights (TIERs) in Nigeria. She is also a community manager for The Queer Wall, a Lesbian, Bisexual, Queer (LBQ) women community on the social media platform Discord.

BONJOUR

BOLAJI OYINDAMOLA
Nigeria

Je n'ai jamais été du genre à me faire remarquer, au milieu d'une foule de filles qui gloussaient, elle m'a vue.

C'était au cours d'une matinée fraîche à Lagos en 2000. Alors que nous remplissions l'auditorium de notre école secondaire pour l'assemblée générale, je réfléchissais à la réunion de prière à laquelle je venais d'assister. En plein stress scolaire et dans toute l'agitation de mes 15 ans, ces rassemblements m'aidaient à garder les pieds sur terre et donnaient un sens à ma vie.

« Bonjour. »

La voix de Nani a interrompu mes rêveries solitaires. Je ne l'avais jamais vue auparavant. Elle avait des yeux bienveillants et une personnalité pleine de vie. À partir de ce jour-là, Nani est devenue mon amie.

D'autres amies se moquaient de notre grande proximité. Dans notre école de filles, il était habituel de taquiner les amitiés suspectes, alors je n'y prêtais pas attention. Nous restions éveillées tard le soir et nous nous endormions en nous blottissant l'une contre l'autre. Tout semblait si simple. Beaucoup de filles se faisaient des câlins sans que personne ne trouve cela « louche. » Mais un jour, une amie proche nous a prises à part et nous a recommandé : « Calmez-vous, tout le monde vous regarde ! »

Nous pensions avoir une vague idée de ce qu'étaient les lesbiennes : des filles qui entretenaient des liaisons secrètes parce qu'il n'y avait pas de garçons dans leur entourage. C'était considéré comme un péché. À l'école, il y avait un terme péjoratif pour désigner ces filles : « lele. » J'étais certaine de ne pas être une « lele » parce que nous n'avions jamais eu de relations sexuelles [elle et moi].

En 2001, Nani et moi avons été admises dans la même université à Lagos, et j'ai rejoint une communauté chrétienne. Ce sentiment d'être connectée à quelque chose de plus grand était réconfortant. À l'époque, j'étais consciente de « l'absurdité » des sentiments que j'éprouvais pour elle, mais cela ne me faisait plus peur. Cela m'intriguait. J'ai commencé à regarder des films et des séries sur les personnes queers, comme « Bad Girls. » C'était un plaisir de voir ces histoires à la télévision, et cela m'a permis d'apprécier davantage « l'absurdité » des relations queers.

Nous nous sommes éloignées l'une de l'autre à l'université, mais un soir, en deuxième année, j'ai vu Nani assise seule et j'ai brisé le silence.

« Bonsoir ! »

Elle m'a regardée, son visage s'illuminant comme une lampe. Nous sommes allées dans ma chambre et avons parlé pendant des heures. Avant de partir tôt le matin, elle m'a chuchotée à l'oreille : « Je suis gay. »

Je n'ai cessé de cligner des yeux. Son assurance, en plus de l'effet de surprise, ont déclenché en moi une sorte de révélation. Tout a soudainement pris sens pour moi. Il avait fallu que quelqu'un eut assez confiance en son identité pour que le déclic se fasse chez moi.

Avec le temps, nous sommes redevenues proches. Nani m'a avoué que me revoir après une longue période avait ravivé tant de sentiments en elle, et que c'était la raison pour laquelle elle s'était confiée à moi. C'était pour elle, sa dernière chance de m'attirer dans son orbite et me faire savoir qu'elle m'aimait. Elle m'a dit que tous les sentiments qu'elle avait pu éprouver pour d'autres filles après moi faisaient pâle figure face à ce que nous partagions. Elle est sortie du placard pour me montrer qui elle était vraiment, pour rétablir les liens qui existaient autrefois entre nous. Et même s'il s'était avéré que je n'étais pas gay, elle m'a dit que le jeu en valait la chandelle.

Au cours des mois suivants, la famille de Nani m'a acceptée comme étant une amie proche. Je n'ai jamais eu de mal à accepter le fait que je suis gay, mais quelque chose ne cessait de me trotter dans la tête : étais-je encore chrétienne ? Être chrétienne me donnait une boussole morale, le sentiment d'avoir les pieds sur terre. Pouvais-je me encore considérer chrétienne si je poursuivais cette relation ? Je ne pensais pas qu'on pouvait concilier les deux. Si je n'étais plus chrétienne, quels seraient mes repères ? Cette question m'a plongée dans une dépression et je suis restée à la dérive pendant un certain temps.

Nani avait, elle aussi, du mal à accepter son homosexualité et sa foi chrétienne, et pouvait rester distante pendant des jours. Nous nous voyions de moins en moins et recommencions à nous éloigner l'une de l'autre. Les sentiments complexes découlant de ces défis affectaient négativement notre relation. Chaque fois que nous nous retrouvions, une vague turbulente d'émotions et d'amour suivait, ainsi qu'un profond sentiment de culpabilité. Cela a duré plus d'un an. Finalement, nous avons décidé de mettre fin à notre relation et d'essayer de surmonter nos difficultés chacune de son côté.

En quête de réponses, je me suis réfugiée dans la foi. J'ai eu la révélation [que j'attendais] lorsque j'ai demandé à un prêtre pourquoi nous devions nous empêcher de pécher alors que Dieu nous pardonne de toute façon. « Si "un péché" ne fait de mal à quiconque, pourquoi devrait-on en avoir honte ? » ai-je demandé. Il m'a répondu : « C'est comme ça. »

J'ai alors compris que ce n'était pas à l'église que mon besoin de connexion et d'authenticité allait être satisfait. J'ai compris que la seule façon de me sentir vraiment connectée était de mieux me comprendre, de savoir qui je suis en tant que personne et de vivre ma vie selon mes propres termes. Cette prise de conscience m'a libérée.

En 2020, huit ans après notre rupture, j'ai vu le nom de Nani s'afficher sur mon téléphone. J'ai hésité à décrocher. Nous nous étions toutes les deux dit des choses si blessantes l'une à l'autre. Son appel m'a à la fois soulagée et rendue nerveuse. J'ai décroché.

« Bonjour. »

Trois ans après cet appel, nous sommes fiancées et vivons ensemble aujourd'hui. Nos parents ne sont pas au courant de notre relation et ne donneraient pas leur bénédiction s'iels l'apprenaient, mais nous sommes fières de notre évolution en tant que couple et savons que nous n'avons pas besoin de l'acceptation de qui que ce soit pour vivre librement.

Tomber amoureuse de Nani a été quelque chose de merveilleux, mais ce qui m'a vraiment libérée, c'est de tomber amoureuse de moi-même et de mieux me comprendre. Cette longue lutte et l'acceptation ultime de celle que je suis m'ont amenée à m'engager dans la création d'espaces sûrs pour que d'autres femmes queers puissent vivre librement et s'exprimer en toute authenticité. Je prie pour que d'autres femmes queers comme moi puissent trouver la même liberté.

Bolaji Oyindamola est chargée de programme senior pour la communication et le plaidoyer à The Initiative for Equal Rights (TIERs) (l'Initiative pour l'égalité des droits) au Nigeria. Elle est également community manager pour The Queer Wall, une communauté de femmes lesbiennes, bisuexelles et queers (LBQ) sur la plateforme de réseaux sociaux Discord.

THE LAST LAUGH

PRINCE MIKEL JUAO
Malawi

"Get out of my father's house, you lesbian, Satanist, *bate*, *mathanyula*!" I could hear my uncle Sandy shouting down the hallway. I pulled on my trousers and told my girlfriend to get dressed.

Sandy banged on my bedroom door as if he wanted to break it. I opened it and charged up to fight him. I was 18 now, an adult. How dare he speak to me this way? As my girlfriend passed him he continued his homophobic tirade. We left the house and started walking to the football training ground for practice. I couldn't believe what had just happened.

Growing up as an only child in Southern Malawi, I was my mother's darling, and she was my best friend. My mom was a fierce woman who defied all expectations in our community. When her brothers lost a fight in the streets, they always ran to her to help plot their revenge.

Although I was assigned female at birth, I knew by age five this wasn't my gender. I leveraged my mom's open mind to ask for masculine clothes. She bought me trousers and vests and let me wear them whenever I wanted, except for Sundays when she would enlist my cousin to chase me into wearing a skirt for church.

Mom died in 2001 when I was eight. I moved in with my grandmother, a loving and caring woman who was already raising eight grandchildren on her compound where my three struggling uncles also lived. Two of my uncles were supportive and never judged me for dressing in masculine clothes. My other uncle, Sandy, considered my clothing choices immoral and an affront to his Rastafari religion. Sandy and I never saw eye to eye. He was stingy. He would eat a whole loaf of bread while my older cousin Jade and I survived on porridge.

My gender transition was a constant challenge. I knew my grandmother would never buy me masculine clothes, so I had to find ways to make my own money. Luckily I was a good footballer. Jade would take me to the football grounds where we could place bets. At first, I played goalkeeper, but to the other boys' surprise, I was good on my feet and a natural scorer.

I became popular among the boys in my hood. Though I liked to call myself Thierry Henry, after the French footballer, people in the streets called me

Diouf, Drogba, or Rigobert Song. The other boys gave me the name Jijo (short for George) so they wouldn't have to use my dead name. When I was 12 I joined Super Strikers, an under-18 boys' football team. I fit in perfectly and scored in nearly every game.

At 15, my granny began to worry about my continued association with boys. Though I hadn't developed any feminine features, she was afraid I might get pregnant. Eventually, a pastor from her church told her to allow me to play football. "Jijo takes all of them as his friends. I do not think he will get pregnant, but if you teach Jijo he is different from the rest of the boys, he might", the pastor said. My grandmother was convinced and allowed me to play.

From Super Strikers I graduated to play in the under-20 youth league. By then Uncle Sandy had retired from playing football and was now coaching.

One day, soon after my 18th birthday, I woke in high spirits to go play in the youth league tournament where I hoped I might be scouted to join the under-20 league. My team progressed to the semi-finals and was paired against the team Sandy coached. I scored a goal in the final minutes and ran to my team manager in excitement. That's when I heard Uncle Sandy shout to Dandaulo, his giant defender, "Why are you letting a female score?"

"Oooh so Jijo is female?" the spectators started murmuring. "How can a female play so well against the males?" We resumed play, and as I moved forward to receive the ball, Dandaulo came towards me. To my surprise, his eyes were not on the ball. He rushed to touch my chest, which was flat, then shouted to my uncle, "You lie, coach. Jijo is not a lady." The referee stopped play to protect me and flashed a red card to both Dandaulo and Sandy.

This incident worsened the already bad relationship between me and Sandy. He looked for opportunities to attack me, and when he learned that I dated girls, he used it against me. "Members of the cult you have joined do not get to be successful", he shouted outside my door. "You are a Satanist, no one in our home has done what you have done!" I was enraged. The fire of activism struck through my heart. I was determined to do well and fight to come out as a successful LGBTIQ person.

I went on to complete secondary school, attended one of the best universities in Malawi, and worked for a bank before joining LGBTIQ activism professionally. One Christmas Eve, I travelled from Lilongwe to Blantyre to be with my family after seven years away, bringing food and clothes for my cousins and other family members. As they scrambled to choose their gifts from the sack, Sandy walked in and surveyed the pile. "Can I pick some of the clothes?" he asked with humility.

My heart pounded with excitement as I prepared my response. "These are the same clothes you were against me buying and wearing when I was young, and now you want me to share?" I watched him pick through my old clothes and laughed triumphantly. In the face of homophobic attacks, suffering, and perseverance, I came out on top as a successful transgender activist!

Prince Mikel Juao is the Technical Advisor at the Social Justice Foundation in Lilongwe. He offers a wide range of consulting services to LGBTIQ-led organisations and individuals in Malawi.

RIRA BIEN QUI RIRA LE DERNIER

PRINCE MIKEL JUAO
Malawi

« Dégage de la maison de mon père, sale lesbienne, sataniste, catin, *mathanyula* » Je pouvais entendre mon oncle Sandy crier dans le couloir. J'ai enfilé mon pantalon et j'ai demandé à ma copine de s'habiller.

Sandy a tambouriné à la porte de ma chambre comme s'il voulait la casser. Je la lui ai ouverte, prêt à me battre avec lui. J'avais 18 ans maintenant, j'étais un adulte. Comment osait-il me parler ainsi ? Alors que ma petite amie passait devant lui, il a repris sa tirade homophobe. Nous avons quitté la maison et nous nous sommes dirigé·es vers le terrain de football pour l'entraînement. Je n'arrivais pas à croire ce qui venait de se passer.

Enfant unique ayant grandi dans le sud du Malawi, j'étais le chouchou de ma mère et elle était ma meilleure amie. Ma mère était une femme féroce, qui défiait toutes les attentes de notre communauté. Lorsque ses frères perdaient une bagarre de rue, c'était toujours vers elle qu'ils se tournaient pour préparer leur revanche.

Bien qu'on m'ait assigné le sexe féminin à la naissance, j'ai su dès l'âge de cinq ans que je n'étais pas une fille. J'ai profité de l'ouverture d'esprit de ma mère pour demander des vêtements masculins. Elle m'achetait des pantalons et des gilets qu'elle me laissait porter quand je voulais, sauf le dimanche où elle faisait appel à mon/ma cousin·e pour m'obliger à porter une jupe pour aller à l'église.

Ma mère est décédée en 2001, alors que j'avais huit ans. J'ai emménagé chez ma grand-mère, une femme aimante et attentionnée qui élevait déjà huit petits-enfants dans sa propriété où vivaient également mes trois oncles en difficulté. Deux de mes oncles m'ont soutenu et ne m'ont jamais jugé parce que je portais des vêtements d'homme. Mon autre oncle, Sandy, considérait que mes choix vestimentaires étaient immoraux et constituaient un affront à sa religion rastafari. Sandy et moi n'avons jamais été du même avis. Il était avare. Il pouvait manger une miche entière de pain entier alors que ma cousine aînée Jade et moi devions nous contenter de bouillie.

Ma transition de genre a été un défi permanent. Je savais que ma grand-mère ne m'achèterait jamais de vêtements de garçon, donc je devais trouver le moyen de gagner mon propre argent. Heureusement, je jouais bien au football. Jade m'emmenait sur les terrains de football où nous pouvions faire des paris. Au début, je jouais au poste de gardien, mais à la surprise des autres garçons, j'étais doué avec mes pieds et j'étais un buteur né.

Je suis devenu populaire parmi les garçons de mon quartier. Même si j'aimais me faire appeler Thierry Henry, en référence au footballeur français, les gens dans la rue m'appelaient Diouf, Drogba ou Rigobert Song. Les autres garçons m'avaient surnommé Jijo (diminutif de George) pour ne pas avoir à utiliser le prénom qu'on m'avait donné à la naissance. À l'âge de 12 ans, j'ai rejoint les Super Strikers, une équipe de football pour garçons de moins de 18 ans. Je m'y suis parfaitement intégré et je marquais des buts à chaque match pratiquement.

À 15 ans, ma grand-mère a commencé à s'inquiéter du fait que je traînais toujours avec des garçons. Bien que je n'aie pas développé de traits féminins, elle craignait que je ne tombe enceint. Finalement, un pasteur de son église lui a dit de me laisser jouer au football : « Jijo les considère tous comme ses amis. Je ne pense pas qu'elle tombera enceinte, mais si vous voulez à tout prix faire croire à Jijo qu'elle est différente des autres garçons, elle pourrait effectivement tomber enceinte », a déclaré le pasteur. Ma grand-mère s'est laissé convaincre et m'a autorisé à jouer.

Des Super Strikers, je suis passé à la ligue des moins de 20 ans. À ce moment-là, Tonton Sandy avait pris sa retraite en tant que footballeur et était devenu entraîneur.

Un jour, peu après mon 18e anniversaire, je me suis réveillé en pleine forme, prêt à aller jouer dans le tournoi de la ligue junior où j'espérais être repéré pour rejoindre la ligue des moins de 20 ans. Mon équipe s'est qualifiée pour les demi-finales et a joué contre l'équipe de Sandy. J'ai marqué un but dans les dernières minutes et j'ai couru vers mon chef d'équipe, tout excité. C'est alors que j'ai entendu l'oncle Sandy crier à Dandaulo, son géant de défenseur : « Comment laisses-tu une fille marquer ? »

Les spectateurs ont commencé à murmurer : « Oooh, Jijo est donc une femme, comment une femme peut-elle jouer aussi bien contre des hommes ? » Nous avons repris le jeu et, alors que je m'avançais pour recevoir le ballon, Dandaulo s'est approché de moi. À ma grande surprise, ses yeux n'étaient pas sur le ballon. Il s'est précipité pour toucher ma poitrine, qui était plate, puis a dit à mon oncle en criant : « Vous mentez, Coach. Jijo n'est pas une femme. » L'arbitre a arrêté le jeu pour me protéger et a donné un carton rouge à Dandaulo et à Sandy.

Cet incident est venu envenimer ma relation avec Sandy qui n'était déjà pas très bonne. Il cherchait des occasions pour s'en prendre à moi, et lorsqu'il a appris que je sortais avec des filles, il s'en est servi contre moi. « Les membres de la secte à laquelle tu as adhéré n'ont pas le droit de réussir », a-t-il crié devant ma porte. « Tu es une sataniste, personne ici n'a fait ce que tu as fait ! » J'étais furieux. Le feu de l'activisme brûlait en moi. J'étais déterminé à réussir et à me battre pour sortir du placard LGBTIQ victorieux.

J'ai terminé mes études secondaires, fréquenté l'une des meilleures universités du Malawi et travaillé dans une banque avant de me consacrer pleinement à l'activisme LGBTIQ. Un soir de Noël, j'ai fait le voyage de Lilongwe à Blantyre pour retrouver ma famille après sept ans d'absence, avec de la nourriture et des vêtements pour mes cousins et cousines et d'autres membres de la famille. Alors qu'iels se bousculaient pour choisir leurs cadeaux, Sandy est arrivé et a regardé la pile de cadeaux. « Est-ce que je peux prendre quelques vêtements ? » a-t-il demandé humblement.

Mon cœur a commencé à battre à tout rompre tandis que je préparais ma réponse. « Ce sont les mêmes vêtements que tu refusais que j'achète et que je porte quand j'étais plus jeune, et maintenant tu veux que je les partage avec toi ? » Je l'ai regardé fouiller parmi mes vieux vêtements et j'ai ri triomphalement. Face aux attaques homophobes, à la souffrance et à la persévérance, je suis devenu un activiste transgenre qui a réussi sa vie !

Prince Mikel Juao est conseiller technique à la Social Justice Foundation à Lilongwe. Il propose un large éventail de services de conseil aux associations et aux individus LGBTIQ au Malawi.

AROUND THE MUGUMO TREE

SAR ALEX W. KAGENDO
Kenya

"Is that a boy or a girl?" everyone who saw me asked, whispering as though it were taboo. The same question swirled around my own head, like an itch that can't be scratched.

Growing up in Karatina, a village near Mount Kenya, had its charms, one being our local superstitions. I heard stories of Kikuyu people who went around the Mugumo tree seven times to change their genders. Their names were not spoken aloud, just thin whispers in the wind. I held onto their stories and circled the tree, hoping one day I would look in the mirror and see who I saw in my head.

When I was seven, my friends' parents told them not to play with me because I was either too rough, too peculiar, or they just "had a bad feeling" about me. They thought I was not a "proper girl", whatever that meant. I was just a child! I mocked these friends by asking if they did everything their parents asked, but deep inside, it hurt.

Coming from a Christian family, my father a staunch Catholic and my mother Presbyterian, I was expected to pick a church and grow my faith. I'd endure the long Sunday service and then sneak away to some dingy cinema to catch the latest action movies. "This is no place for girls, too violent", I was told, but never listened. My favourite actors were Arnold Schwarzenegger and Cynthia Rothrock, and I loved watching The Rock and The Undertaker wrestle. How could these amazing movies and shows be only for boys? How could my gender limit me so much? My young mind wondered, no clue what was coming.

When I turned 10, my parents sent me to a mixed-gender Catholic boarding school in Nyeri, a peri-urban town near Mount Kenya. Other kids didn't understand why I was boarding so young, but my parents, who were both teachers, said it would foster independence and discipline. I was homesick and developed severe separation anxiety. This made me a target for bullying, which in turn made me aggressive and violent.

My physical strength and "rough" features "provoked" the boys in school, or that's what they would say after locking me up in the boys' toilets or a storage room overnight. These same features that caused boys to pick fights

Illustration by Zani Sizani

with me were a source of personal affirmation. They made me stand out and they brought trouble. I love trouble.

At 16, I started Catholic high school in Nyeri and soon learned that many teens who expressed diverse genders or "looked" queer like me were expelled. This frightened me. I knew too many perceived gay people who did not complete their education, none of whom seemed to be leading comfortable lives. By the time I finished high school, I had a good understanding of homophobia, gender dysphoria, discrimination, misogyny, and other big ambiguous words used to describe humanity's animosity towards that which they consider "uncommon", which was me through and through.

A week after settling in at Mount Kenya University in 2011, I went for a stroll. I found a matatu (minibus) to take me back to my hostel, but just before I boarded, I felt the hairs on the back of my neck stand up. I knew I was in trouble. I had to get out of there. But it was a normal day! There were so many people around. They wouldn't dare! Or so I thought.

I backed up to the wall, four men already near me. My skin started to crawl. Their hands were all over me. "What are you? Are you a boy or a girl?" the strange men asked. One shoved me so hard that I hit the wall and fell down. "You are the ones stealing our wives in the name of good sex", one of them said. What the fuck was happening?

The screams in my head were so loud the men's voices became abstract and inaudible. All I could hear was my heart thudding in my ears, my breath so heavy the dust became a whirlwind. "We are so going to die!" part of me said. "Not here, not now!" another voice within me shouted. I shoved whoever and sprang out of the death circle. A crowd had already gathered around me. Good thing smartphones were not so common back then or I would have gone viral. I dragged myself to a police station to report the attack, but I couldn't handle the officers' mockery, so I went to my hostel where I nursed myself back to health.

In the months that followed, I came to learn from friends and my own research that my horrible experience was all too common for LGBTQ+ perceived and identifying people. This knowledge assured me I wasn't alone and that nothing was wrong with me, but something was most definitely wrong with society. This had to change!

In 2015 some friends and I started a healing circle; a psychosocial support group for rural LBQ women and non-binary persons around Mount Kenya. Building on the social-work skills I gained at university, I became the group's coordinator, and we registered our organisation in 2017 as Ladies Education Health and Advocacy, swapping "Lesbians" for "Ladies" to avoid any trouble with the registering authority. Now we just go by LEHA.

With LEHA's support, rural LBQ women and non-binary persons in Mount Kenya and beyond can now access mental and sexual-reproductive health services with less fear of discrimination, not only in private sectors but also in government facilities, ensuring our rightful place in this world.

My experiences with LEHA have given me a second chance around the Mugumo tree – now in the form of hormone replacement therapy (HRT) and a community where I can be myself – providing the courage, validation, sanity, congruence, and clarity I've always longed for. That child who went round the Mugumo tree all those years ago, and the adult me who nearly lost all hope, are now one, at home in myself.

Sar Alex W. Kagendo is a social worker, humanist, and queer activist in Thika, Kenya. They co-founded LEHA, a rural organisation that uses data to advocate for comprehensive SRHR and contemporary mental health services for LBQ women and non-binary persons.

AUTOUR DU FIGUIER MUGUMO

SAR ALEX W. KAGENDO
Kenya

« C'est un garçon ou une fille ? » demandaient tous ceux et toutes celles qui me voyaient, en chuchotant comme s'il s'agissait d'un tabou. La même question me trottait dans la tête, comme une démangeaison qu'on n'arrive pas à apaiser.

Grandir à Karatina, un village situé près du Mont Kenya, avait son charme, notamment celui des superstitions locales. J'ai entendu des histoires de Kikuyus qui faisaient sept fois le tour du figuier mugumo (espèce de figuier local) pour changer de genre. On ne disait pas leurs noms à haute voix ; on les murmurait tout doucement dans le vent. Je me suis accroché·e à ces récits et j'ai fait le tour de l'arbre, espérant qu'un jour, je me regarderais dans le miroir et que j'y verrais ce que je voyais dans ma tête.

À l'âge de sept ans, les parents de mes ami·es leur ont interdit de jouer avec moi parce que j'étais soit trop brutal·e, soit trop particulier·e, soit qu'iels avaient simplement « un mauvais pressentiment » à mon sujet. Iels pensaient que je n'étais pas une « fille bien. » Qu'entendaient-iels même par ça ? Je n'étais qu'un·e enfant ! Je me moquais de mes ami·es en leur demandant s'iels faisaient tout ce que leurs parents leur demandaient, mais au fond de moi, cela me faisait mal.

Issu·e d'une famille chrétienne, mon père étant fervent catholique et ma mère presbytérienne, on attendait de moi que je choisisse une église et que je fortifie ma foi. J'endurais l'office interminable du dimanche, puis je m'éclipsais pour voir les derniers films d'action dans un cinéma minable. On me disait : « Ce n'est pas un endroit pour les filles, c'est trop violent », mais je n'ai jamais écouté. Mes acteurs préféré·es étaient Arnold Schwarzenegger et Cynthia Rothrock, et j'adorais regarder The Rock et The Undertaker faire du catch. « Comment ces films et spectacles extraordinaires pouvaient-ils être réservés aux garçons ? Comment mon genre pouvait-il me limiter à ce point ? » s'interrogeait mon jeune esprit, sans se douter de ce qui l'attendait.

À l'âge de 10 ans, mes parents m'ont envoyé·e dans un internat catholique mixte à Nyeri, une ville périurbaine près du Mont Kenya. Les autres enfants ne comprenaient pas pourquoi j'allais en pension si jeune, mais mes parents, qui étaient tou·tes deux enseignant·es, disaient que cela me rendrait plus indépendant·e et plus discipliné·e. Je voulais rentrer chez moi et j'avais développé une grande angoisse à l'idée d'être séparé·e de ma famille. Cela a fait de moi la cible d'intimidations et de harcèlement scolaire. Ce qui m'a rendu plus agressif·ve et plus violent·e.

Ma force physique et mes traits « rugueux » étaient « une source de provocation » pour les garçons de l'école, du moins c'est ce qu'ils disaient après m'avoir enfermé·e toute la nuit dans les toilettes des garçons ou dans un débarras. Ces mêmes traits qui poussaient les garçons à se battre avec moi étaient une source d'affirmation personnelle. Ça me distinguait des autres et m'attirait des ennuis. J'aime les ennuis.

À 16 ans, je suis entré·e au lycée catholique de Nyeri et j'ai rapidement appris que de nombreux adolescent·es qui exprimaient des différences de genre ou qui avaient l'air queers comme moi étaient expulsé·es. Cela m'a fait peur. Je connaissais trop de personnes que l'on soupçonnait d'être queers, qui n'avaient pas terminé leurs études, et aucune d'entre elles ne semblait mener une vie confortable. À la fin de mes études secondaires, j'avais acquis une bonne compréhension de ce que voulaient dire homophobie, dysphorie de genre, discrimination, misogynie et d'autres termes ambigus utilisés pour décrire l'animosité de l'humanité envers ce qu'elle considère comme « hors du commun », c'est-à-dire moi, et tout ce que j'étais en tant que personne.

Une semaine après mon installation à l'université du Mont Kenya en 2011, je suis parti·e me promener. J'ai trouvé un matatu (minibus) pour rentrer à mon auberge, mais juste avant de monter à bord, j'ai senti les poils de ma nuque se hérisser. Je savais que j'étais en danger. Il fallait que je sorte de là. Mais c'était un jour comme les autres ! Il y avait tellement de gens autour. Ils n'oseraient pas ! Du moins, c'est ce que je pensais.

J'ai fait un pas en arrière vers le mur, quatre hommes étaient déjà près de moi. Ça m'a donné la chair de poule. Leurs mains se posaient partout sur moi. « Qu'est-ce que tu es, es-tu un garçon ou une fille ? » demandaient ces hommes à l'air étrange. L'un d'eux m'a poussé·e si fort que j'ai heurté le mur et que je suis tombé·e. Un autre a dit : « C'est vous qui nous volez nos femmes soi-disant que vous êtes bon·nes au lit. » Qu'est-ce qui se passe, bon sang ?

Les cris dans ma tête étaient si forts que les voix des hommes devenaient abstraites et inaudibles. Tout ce que j'entendais, c'était mon cœur qui battait dans mes oreilles, le souffle si lourd que la poussière en tourbillonnait. Une partie de moi s'est dit : « Nous allons mourir ! » « Pas ici, pas maintenant », criait une autre voix en moi. J'ai poussé quelqu'un, je ne sais pas qui et je me suis précipité·e hors du cercle de la mort. Une foule s'était déjà rassemblée autour de moi. Heureusement que les smartphones n'étaient pas si courants à l'époque, sinon mon histoire serait devenue virale. Je me suis traîné·e jusqu'à un poste de police pour signaler l'agression, mais je n'ai pas supporté les moqueries des agent·es, alors je suis rentré·e à l'auberge où je me suis soigné·e.

Dans les mois qui ont suivi, j'ai appris par des ami·es et grâce à mes propres recherches que cette expérience atroce était bien trop courante parmi les personnes perçues et identifiées comme étant LGBTQ+. Cela m'a permis de comprendre que je n'étais pas seul·e et que je n'avais rien à me reprocher, mais plutôt que quelque chose n'allait vraiment pas dans la société. Il fallait que cela change !

En 2015, quelques ami·es et moi-même avons créé un cercle de guérison, un groupe de soutien psychosocial pour les femmes LBQ et les personnes non binaires en milieu rural dans la zone du Mont Kenya. En m'appuyant sur mes compétences en matière de protection sociale acquises à l'université, je suis devenu·e le/la coordinateurice du groupe et nous avons enregistré notre organisation en 2017 sous le nom de « Ladies Education Health and Advocacy » (Dames, éducation, santé et plaidoyer) en remplaçant « Lesbiennes » par « Ladies » (dames en anglais) pour éviter d'avoir des problèmes avec le bureau d'enregistrement. Aujourd'hui, nous nous appelons simplement LEHA.

Grâce au soutien de LEHA, les femmes LBQ rurales et les personnes non binaires vivant en milieu rural dans la zone du Mont Kenya et aux alentours peuvent désormais accéder aux services de santé mentale et de santé sexuelle et reproductive sans craindre la discrimination, non seulement dans le privé, mais aussi dans les établissements publics. Cela leur garantit la place qu'elles méritent dans ce monde.

Mon expérience avec LEHA m'a donné l'opportunité de faire le tour du figuier une deuxième fois – cette fois-ci sous la forme d'un traitement hormonal substitutif (THS) et d'une communauté où je peux être moi-même – en m'apportant le courage, la validation, la santé mentale, la congruence et la clarté que j'avais tant désirés. L'enfant qui a fait le tour du figuier il y a toutes ces années et l'adulte qui a failli perdre tout espoir ne font plus qu'un·e, en paix avec iel-même.

Sar Alex W. Kagendo est travailleureuse social·e, humaniste et activiste queer à Thika, au Kenya. Iel a cofondé LEHA, une organisation rurale qui fait du plaidoyer renseigné par les données en matière de services complets de santé sexuelle et reproductive et de santé mentale contemporaine pour les femmes LBQ et les personnes non binaires.

AN UNEXPECTED JOURNEY

SAMA EMEKA E.
Cameroon

"Thank you for coming. Hope to see you again", I said in a soft and sweet tone as I ushered him out the door of my apartment in Bamenda. This was the fourth guy I'd laid with that month, changing them like pieces of underwear. No shame, just living my life as I'd always wanted – carefree.

I took a second to replay what I'd just said. It was 2018, and I'd come a long way. My conscience walked me down memory lane to where I'd failed; back to 2014 when, too easily, I'd entrusted a close friend with the secret of my sexuality.

I was 17 then and studying at a Catholic boarding school. Days after telling my friend, privately, that I'm queer, I was summoned for disciplinary hearings. "Are you homosexual?" the boarding mistress asked. Being young and innocent, and believing the school's mantra that the truth would set me free, I said, "Yes, it's a challenge I am battling with". I was expelled and sent home.

My mum refused to see me, saying I was a waste of money (she had just paid my school fees) and an abomination. My aunty took me in on the condition that I would go for deliverance sessions because she believed I was being controlled by the devil. I needed a place to stay and food to eat so had no choice but to accept. After a few weeks, I grew homesick for my mum who was still trying to adjust to my reality and moved back in with her.

I couldn't bear the electricity outages in Bamenda, my phone battery constantly low or dead, so one night I boarded a bus and ran away to live with my grandma in South-East Nigeria. A few months later, Mum called and asked me to come back to Cameroon to start at a new school. I obeyed. By then the situation with Mum and Aunty was much better, as Grandma made them believe I was "healed" after seeing her pastor. I didn't want to let them down, so I learned to live a double life, always asking myself, "Am I the only boy in the world who loves other boys?" I was too ashamed to ask anyone else. I remember crying to Beyoncé's "Roc", consoling myself for being different in a world where everyone wants me to be the same. I didn't know the worst was yet to come.

"Sir, we have your results. You are HIV positive."

It was December 2015. On a whim, I'd stopped at an outdoor HIV screening tent on my way home. The doctor's words were echoing in my mind as I asked myself why I even took the test. "Sir, are you with me?" the doctor asked. "Yes, I am with you", I replied, jolting back to reality. Truly I was in a different universe, refusing to believe I was HIV positive. I can't be HIV positive. How could this be real?

"I need some time to think", I told the doctor as I took my results and left. Who gave me this disease? How was this possible? This can't be real. My mind was racing.

The hospital placed me on treatment, but I didn't take it seriously at all. Swallowing the pills every day was a grim reminder of my status, and the side effects – fever, nausea, dizziness and nightmares – were terrible. I abandoned the pills and moved to a different town for school, ignoring all calls from the hospital.

A couple of months passed, and I tried to forget about my diagnosis and the idea of being on treatment. Life moved on peacefully, happily even. Then one night browsing TV I came upon what looked like a queer movie. It centred on the early days of New York's HIV-AIDS crisis in the 1980s, and the advocacy movement that emerged to raise awareness about the disease. I was glued to the screen, noting how tough things were back then and how this advocacy helped advance HIV treatment and human rights.

I wept like a baby, thinking how messed up I'd been since getting expelled from school. This movie, The Normal Heart, left me broken for weeks, but it also gave birth to a new me. I ran to Affirmative Action, a community-based organisation for gay people in Cameroon. I was still afraid to open up about my HIV status, but I was more afraid of falling ill and dying of AIDS. I told myself I needed to get treatment so I could keep up the good fight.

Today, my organisation Action for Care works to promote unity among LGBTQI people in Cameroon, and to ensure quality health care, equitable service, and human rights protections for all. My goal is to ensure that young LGBTQI people know their health status and their rights so that they can live freely in their truth and be celebrated for their uniqueness.

Sama Emeka E. is a Monitoring and Evaluation Officer at Affirmative Action and Co-Founder of Action for Care in Bamenda, Cameroon. He is a public health specialist and human rights activist who works to help LGBTQI people take responsibility for their health, rights, and actions.

UN PARCOURS IMPRÉVU

SAMA EMEKA E.
Cameroun

« Merci d'être venu. J'espère te revoir », ai-je dit doucement en le poussant vers la porte de mon appartement à Bamenda. C'était le quatrième homme avec qui je couchais ce mois-là, je les changeais comme des sous-vêtements. Je n'avais pas honte, je vivais ma vie comme je l'avais toujours voulu : avec insouciance.

J'ai pris un instant pour repenser à ce que je venais de dire. Nous étions en 2018 et j'avais parcouru un long chemin. Mon esprit m'a fait remonter le cours de mes souvenirs jusqu'à ce moment fatidique, le jour où, en 2014, par manque de discernement, j'en avais trop dit à un ami proche au sujet de ma sexualité.

J'avais alors 17 ans, dans un internat catholique. Quelques jours après avoir confié à mon ami, en privé, que j'étais queer, j'ai été convoqué par le conseil de discipline. « Es-tu homosexuel ? », m'a demandé la maîtresse d'internat. Jeune et innocent, et croyant au mantra de l'école selon lequel la vérité me libérerait, j'ai répondu : « Oui, c'est une lutte que je mène effectivement. » J'ai été expulsé et renvoyé à la maison.

Ma mère a refusé de me voir, disant qu'elle avait jeté son argent par la fenêtre (elle venait de payer mes frais de scolarité) et que j'étais une abomination. Ma tante m'a accueilli à condition que je me soumette à des séances de [prière et de] délivrance, car elle pensait que j'étais sous l'emprise du diable. Ayant besoin d'un toit et de nourriture, je n'avais pas d'autre choix que d'accepter. Au bout de quelques semaines, ma mère a commencé à me manquer. Celle-ci tentait encore de s'adapter à la réalité et je suis retourné vivre avec elle.

Les coupures de courant à Bamenda étaient devenues insupportables, mon téléphone déchargé ou presque, tout le temps. Un soir, j'ai pris un bus et je me suis enfui pour aller vivre chez ma grand-mère dans le sud-est du Nigéria. Quelques mois plus tard, ma mère m'a appelé et m'a demandé de revenir au Cameroun pour reprendre les cours dans un nouvel établissement. J'ai obéi. À ce moment-là, la situation avec maman et ma tante s'était nettement améliorée, car ma grand-mère leur avait fait croire que j'avais été « guéri » après avoir vu son pasteur. Je ne voulais pas les décevoir, alors j'ai appris à mener une double vie, me demandant toujours : « Suis-je le seul garçon au monde à aimer d'autres garçons ? » J'avais trop honte pour poser la question à quelqu'un d'autre. Je me souviens avoir pleuré sur « Roc » de Beyoncé, me consolant d'être différent dans un monde où tout le monde veut que je sois comme elleux. Je ne savais pas que le pire était à venir.

« Monsieur, nous avons vos résultats. Vous êtes séropositif. »

C'était en décembre 2015. Sur un coup de tête, je me suis arrêté à une tente de dépistage du VIH sur le chemin du retour. Les mots du médecin résonnaient dans mon esprit alors que je me demandais pourquoi j'avais fait le test. « Monsieur, êtes-vous avec moi ? » a demandé le médecin. « Oui, je suis avec vous », ai-je répondu, revenant brusquement à la réalité. J'étais vraiment dans un autre univers, n'arrivant pas à croire que j'étais séropositif. Je ne pouvais pas être séropositif. Comment était-ce possible ?

« J'ai besoin d'un peu de temps pour réfléchir », ai-je dit au médecin en prenant mes résultats et en partant. Qui m'avait transmis cette maladie ? Comment était-ce possible ? Ce n'était pas possible. Mes pensées se bousculaient.

L'hôpital m'a mis sous traitement, mais je n'ai pas du tout pris cela au sérieux. Avaler des cachets tous les jours était un rappel pénible de mon état, et les effets secondaires – fièvre, nausées, vertiges et cauchemars – étaient horribles. J'ai arrêté les cachets et je suis parti m'installer dans une autre ville pour poursuivre ma scolarité, ignorant tous les appels de l'hôpital.

Quelques mois ont passé et j'ai essayé d'oublier mon diagnostic et le fait de devoir suivre un traitement. La vie suivait son cours paisiblement, voire joyeusement. Puis, un soir, en regardant la télévision, je suis tombé sur ce qui semblait être un film queer. Il traitait du début de la crise du VIH/sida à New York dans les années 1980 et des efforts de sensibilisation menés à cette époque. Je suis resté scotché à l'écran, réalisant à quel point les conditions à l'époque étaient dures et comment ce plaidoyer avait contribué à faire avancer le traitement du VIH et les droits humains.

J'ai pleuré comme un bébé en repensant à tout ce que j'avais traversé depuis mon renvoi de l'école. Ce film, « The Normal Heart », m'a bouleversé pendant des semaines, mais il m'a aussi fait renaître. Je me suis précipité vers Affirmative Action, une association communautaire pour les personnes gays au Cameroun. J'avais encore peur de parler de ma séropositivité, mais surtout, j'avais peur de tomber malade et de mourir du sida. Je me suis dit que je devais me faire soigner pour rester en vie.

Aujourd'hui, mon association, « Action for Care », s'efforce de promouvoir l'unité entre les personnes LGBTQI au Cameroun et de garantir des soins de santé de qualité, des services équitables et la protection des droits humains pour tou·tes. Mon objectif est de faire en sorte que les jeunes personnes LGBTQI connaissent leur état de santé et leurs droits, afin qu'elles puissent vivre en toute authenticité et être célébrées pour leur singularité.

Sama Emeka E. est chargé du suivi-évaluation à Affirmative Action et cofondateur d'Action for Care à Bamenda, au Cameroun. Spécialiste de la santé publique et militant des droits humains, il œuvre pour aider les personnes LGBTQI à prendre en main leur santé, leurs droits et leurs actions.

AS I LAY HERE DYING: A REBIRTH

GISELLE RATALANE
Lesotho

We all saw the horrifying news unfold on our screens but were afforded the emotional distance typical of exotic diseases in far-off lands. People were in total lockdown. Alone. But "over there".

South Africa, where I was living at the time, got its first confirmed case of COVID-19 a few months later in early 2020. That's when the reality hit. Unlike many people who poured out in droves to hog toilet paper and other supplies, I didn't have the luxury of buying an unlimited supply of my hormonal medication. It was too costly in South Africa and unavailable in Lesotho where I would be quarantining. I had to find a permanent solution.

I decided to call my doctor in Lesotho, who agreed to perform an orchiectomy, an elective gender confirmation surgery for trans people that involves removing the male gonads.

A week later, the surgery a success, I lay in my hospital bed in Maseru crying, initially with joy. I wasn't the only one crying. My mother's sniffles dominated the room, her knuckles white as she clung to the bottle of surgical remnants the doctor had given her as she waited for me to emerge from anaesthesia. Inside were the shattered dreams of a life she had imagined for me, her only child, her precious "boy"; a life she had spent years carefully curating for herself.

She could keep them, the doctor said. She held on to the bottle as if life depended on its contents. And life surely had, once upon a time.

"Why are you crying?" my mother snapped, her voice sharper than a sword.

I stared back absently, dazed and nauseous from the anaesthesia. I wished her voice were comforting, yet here she was, asking, demanding of me things I could not explain, not even to myself.

I couldn't think straight, but I do remember wondering how many parts of ourselves we must kill in order to survive. I asked how life, in all its grandeur, could be so fragile as to rest on two tiny things now cradled in the hands of the woman who bore them. They were medical waste, no longer my problem. My name written on a white sticker carelessly attached to the bottle was their last link to me.

My body lay heavy on the cold sheets. People had probably died on this bed, I thought, but it also comforted women who welcomed new life. I read somewhere that our tears change depending on our emotional state. My tears were a swirl of contradictions. Here I was mourning the loss of a part of me that had caused so much angst, but I was also joyful, triumphant. My tears would tell whoever cared to look that now, for the first time, my body belonged to me. It no longer held the painful contradictions that had nearly cost me my life.

"Why are you crying?" my mother pressed again for an answer. I ignored her and turned to look out the hospital window. Some people below were going about the drudgery of their mundane existence. Others were living on their own terms, making something of themselves. I was excited to join them.

I finally mustered the courage to craft a response, but when I turned back to my mother, she was staring down at the bottle. We were both too stunned for words. I wasn't sure if the questions I'd heard had even come from her, or if I had imagined them in my medicated haze. Tears cascaded down my cheeks as it finally hit me: this was the end of life as she'd known it, too.

A big part of her identity as a mother was constructed on the pride and cultural clout of having borne and raised a boy child. How she would reconcile this with my own very final decision, I could only imagine. We both sat there silently, contemplating the end of our old lives together.

I wished she would reach out and hug me, to tell me everything was OK. Instead, she remained still, her only comfort radiating from a bottle of medical waste. I hoped she would warm up to the idea that my life was only just beginning. If only she could see me, really see me, and understand that this was not "just a phase". Instead of "snapping out of it", something else inside me snapped. I closed my eyes and sobbed into the sterile pillow.

Four years later, I'm still in Lesotho, now lobbying for legal gender recognition by self-determination and improved well-being for our transgender community. Through these efforts, we've seen a major local political party publicly support LGBTI persons and include them in their canvasing manifesto for the first time. I'm excited to see our advocacy and research work bear fruit, and trust things will continue to get better for us. They certainly have for me.

Giselle Ratalane is a lobbyist, researcher, and human rights defender based in Maseru. Her current work involves lobbying parastatals in Lesotho for LGBTI-friendly laws and policies.

JE MEURS ICI : UNE RENAISSANCE

GISELLE RATALANE
Lesotho

Nous avons tou·tes vu les terribles nouvelles se succéder sur nos écrans, tout en gardant une certaine distance émotionnelle, typique lorsqu'on évoque des maladies exotiques dans des pays lointains. Les gens étaient confinés chez eux. Seuls. Mais « là-bas. »

L'Afrique du Sud, où je vivais à l'époque, a connu son premier cas confirmé de COVID-19 à peine quelques mois plus tard, au début de l'année 2020. C'est à ce moment-là que les choses ont commencé à se gâter. Contrairement aux nombreuses personnes qui se sont précipitées en masse pour s'accaparer papier hygiénique et autres provisions, je n'avais pas le luxe de me constituer un stock illimité des médicaments nécessaires à mon traitement hormonal. Ça coûtait trop cher en Afrique du Sud et il était impossible d'en trouver au Lesotho, où j'allais passer le confinement. Il fallait que je trouve une solution permanente.

J'ai décidé d'appeler mon médecin au Lesotho, qui a accepté de me faire une orchidectomie, une opération chirurgicale facultative d'affirmation de genre pour les personnes transgenres, qui consiste à retirer les glandes génitales masculines.

Une semaine plus tard, j'étais allongée sur mon lit d'hôpital à Maseru. L'opération avait été un succès, et je pleurais, avant tout, de joie. Je n'étais pas la seule à pleurer. Les reniflements de ma mère remplissaient la pièce, ses doigts crispés sur le flacon contenant les restes chirurgicaux que le médecin lui avait remis en attendant que l'anesthésie se dissipe. À l'intérieur du flacon se trouvaient les rêves brisés d'une vie qu'elle avait imaginée pour moi, son unique enfant, son précieux « garçon » ; une vie qu'elle avait passé des années à concocter avec soin.

Le médecin lui a dit qu'elle pouvait les garder. Elle s'est accrochée au flacon comme si sa vie en dépendait. Et cela avait été sûrement le cas, autrefois.

« Pourquoi pleures-tu ? », m'a dit ma mère, sa voix plus tranchante que la lame d'une épée.

Je la regardais distraite, sonnée et nauséeuse en raison de l'anesthésie. J'aurais souhaité que sa voix soit réconfortante, mais voilà qu'elle me posait des questions, attendant de moi des réponses que je n'avais pas moi-même et que je pouvais encore moins lui donner.

Je n'arrivais pas à penser clairement, mais je me souviens m'être demandé combien de parties de nous-mêmes nous devions sacrifier pour survivre. Je me suis demandé comment la vie, dans toute sa grandeur, pouvait être si fragile au point de reposer sur ces deux petites choses que berçaient maintenant les mains de la femme qui les avait portées. Ce n'était que des déchets médicaux, ce n'était plus mon problème. Le nom écrit sur un autocollant blanc placé avec négligence sur le flacon représentait le dernier lien qui existait entre ces deux petites choses et moi.

Mon corps était lourdement allongé sur les draps froids. J'ai pensé aux personnes qui étaient probablement mortes sur ce lit, puis j'ai pensé que ce même lit avait été aussi source de réconfort pour les femmes qui y avaient accueilli une nouvelle vie. J'ai lu quelque part que nos larmes changent en fonction de notre état émotionnel. Mes larmes étaient un tourbillon de contradictions. Je pleurais la perte d'une partie de moi qui avait causé tant d'angoisse, mais j'étais aussi joyeuse, triomphante. Mes larmes disaient à qui voulait bien les voir que pour la première fois, mon corps m'appartenait. Il n'était plus le siège des contradictions douloureuses qui avaient failli me coûter la vie.

« Pourquoi pleures-tu ? », m'a à nouveau demandé ma mère. Je l'ai ignorée et me suis tournée vers la fenêtre de l'hôpital. En bas, certaines personnes vaquaient à leurs existences ordinaires. D'autres vivaient selon leurs propres termes, en faisant quelque chose de leur vie. J'avais hâte de les rejoindre.

J'ai finalement rassemblé le courage nécessaire pour formuler une réponse, mais lorsque je me suis retournée vers ma mère, elle avait les yeux fixés sur la bouteille. Nous étions toutes les deux trop sonnées pour pouvoir parler. Je ne savais pas si les questions que j'avais entendues venaient d'elle ou si c'était mon esprit brumeux en raison des médicaments qui les avait imaginées. Des larmes ont commencé à couler sur mes joues lorsque j'ai enfin compris que c'était pour elle aussi, la fin de la vie [de son enfant] telle qu'elle l'avait connue.

Une grande partie de son identité de mère s'ancrait dans la fierté et le pouvoir que lui conférait, culturellement, le fait d'avoir porté et élevé un garçon. Comment arriverait-elle à concilier cela avec le choix irrévocable que j'avais fait. Nous sommes restées toutes deux assises en silence, à contempler l'ancienne vie que nous avions partagée prendre fin.

J'aurais voulu qu'elle me prenne dans ses bras, qu'elle me dise que tout allait bien. Au lieu de cela, elle est restée immobile, son seul réconfort émanant d'une bouteille de déchets médicaux. J'espérais qu'elle se ferait à l'idée que ma vie ne faisait que commencer. Si seulement elle pouvait me voir moi, vraiment voir qui j'étais réellement, et comprendre que ce n'était pas « juste une phase » qui me passerait. Au lieu que « cela me passe », c'est quelque chose d'autre en moi qui a cédé. J'ai fermé les yeux et j'ai pleuré dans l'oreiller stérilisé.

Quatre ans plus tard, je suis toujours au Lesotho, où je milite pour la reconnaissance légale du genre par l'autodétermination et pour l'amélioration du bien-être de la communauté transgenre. Grâce à ces efforts, nous avons vu un grand parti politique local soutenir publiquement les personnes LGBTI et les inclure pour la première fois dans son programme électoral. Je me réjouis de voir notre travail de sensibilisation et de recherche porter ses fruits et je suis convaincue que les choses continueront à s'améliorer pour nous. Pour moi, c'est certainement le cas.

Giselle Ratalane est lobbyiste, chercheuse et défenseuse des droits humains basée à Maseru. Son travail actuel consiste à faire du lobbying auprès des organismes parapublics du Lesotho pour faire adopter des lois et des politiques favorables aux personnes LGBTI.

TRIGGERED

*TRISTAN
Namibia

Rehoboth was old and rusty, its streets deserted, its windows boarded up. Our once elegant town in central Namibia had become a skeleton of its former glory. There were no jobs, so frustration hung in the air like soot. I tried to be manly, but I wasn't built for brawls.

Other boys taunted my girlish voice and bright shirts. Dad chastised me for the same and for avoiding my tormentors. Mom grew distant. Her smile disappeared, replaced with a stubborn frown.

Home life was subdued. Mealtimes were quiet. Unspoken disapproval hung heavy in the air. At nine years old, determined to make my parents love me, I decided to become "a normal boy". I developed a manly tone, started playing soccer with the boys, and left my "girlish" ways behind.

One night after soccer I took the bushy pathway home. A callous hand stinking of shit clamped my mouth and whispered, "Don't move". I felt my soul leave my body as the same hand slammed me to the miry ground, and ripped off my pants. What felt like a long hard blade sliced through my anus. Every thrust was a stab. Minutes felt like hours falling into the abyss. I woke up naked, bleeding, and drowning in tears. I gathered the rags that were left of my pants and stumbled home.

I spent the next three years focused entirely on school, chores, and gardening. One day, my neighbour Garth, who was 19, invited me over to play Mortal Kombat. Video games became our routine. A few weeks in we were playing in his room when I felt Garth's hand reach down my thigh. I froze. "It's okay. This is how older boys play", Garth whispered, then peeled off my pants. The memories I'd suppressed from three years prior surged forth, and I was back in the abyss. Afterwards, I went home and never spoke of what happened.

A year later, my parents divorced, and Mom and I moved to a quiet suburb. My uncle would visit and fix things around the house. Some nights he slept over and would crawl into bed beside me. Again, those memories I tried so hard to bury reared their head.

I started believing these assaults were my fault, that I deserved all this pain that threatened to strangle me, so I decided to take action. A week before my 15th birthday, after an emotionally draining day at school, I greeted Mom with a kiss on her forehead, went to the kitchen, and took a long rope.

"What are you doing with that rope?" she asked.

"It's for a school project", I lied, and went to my room. After Mom went to sleep, I threw the rope over the roof's railing, put my head through the noose, and leapt off a chair. There was a sharp pain around my neck, then a loud thud as my face slammed into the cold concrete floor.

"Is everything alright?" mom yelled.

"Yes!" I called with a strained voice, the rope's imprint stinging around my neck. I loosened its grip and sobbed among the empty beer bottles and cigarette butts that surrounded me. I couldn't do anything right, not even take my own life.

Years later at university, my relationship with Alex failed. It was passionate, fuelled by late-night study sessions and shared aspirations of becoming doctors and helping people. Alex was smart and charming, while I was determined and fiercely loyal, but as time passed, cracks started to appear. The pressures of school, uncertainty about our future, and my growing feelings of inadequacy led me to seek solace in alcohol; it became a dependency. Alex, desperate to help but not knowing how, enabled my addiction by turning a blind eye to my empty promises and drunken apologies.

After more failed relationships and drug and alcohol abuse, I ran into an old friend who reminded me that I once wanted to be a doctor because I couldn't stand seeing people in pain. I told her that this person no longer existed and that my life was now a mess. She could see the agony in my sunken eyes and invited me for coffee to talk.

Our coffee chat turned into a tearful confessional. I told her everything. She cried with me and convinced me to fight not only for my own life but for others like me. Something in her voice inspired me. A month later, I went to Out-Right Namibia, the oldest LGBTQ organisation in the country, and asked them how I could be of service. They employed me as a communications and advocacy volunteer, and I still work there today.

I now use my pain and everything I've been through to help other people. By advocating for our rights and telling our stories, I choose to make beauty from ashes.

Tristan is a communications and advocacy specialist with expertise in sexual minority rights, policy drafting, public relations, and digital advocacy. At Out-Right Namibia, he spearheaded a campaign to abolish Namibia's sodomy law.

DÉCLENCHEUR

*TRISTAN
Namibie

Rehoboth était vieille et à l'agonie, ses rues désertes, ses fenêtres barricadées. Ville du centre de la Namibie, autrefois élégante, Rehoboth n'était plus que le squelette de sa gloire ancienne. Il n'y avait pas de travail et la frustration planait dans l'air telle de la suie. J'essayais d'être viril, mais je n'étais pas fait pour les bagarres.

Les autres garçons se moquaient de ma voix de fille et de mes chemises aux couleurs vives. Mon père me réprimandait pour les mêmes raisons et parce que je refusais d'affronter mes bourreaux. Maman est devenue distante. Son sourire avait disparu, remplacé par un froncement de sourcils obstiné.

L'ambiance à la maison était calme. Les repas étaient calmes. La désapprobation non exprimée pesait lourd dans l'air. À neuf ans, déterminé à me faire aimer de mes parents, j'ai décidé de devenir « un garçon normal. » J'ai adopté un ton viril, j'ai commencé à jouer au football avec les garçons et j'ai abandonné mes tics « de fille. »

Un soir, alors que je rentrais chez moi après une partie de football, j'ai emprunté un chemin buissonneux. Soudain, une main m'a recouvert la bouche et j'ai entendu un murmure : « Ne bouge pas ! » J'ai senti l'horreur m'envahir lorsque cette main m'a plaqué au sol et m'a déshabillé de force. Ce qui semblait être une lame longue et dure a transpercé mon anus. Chaque coup me transperçait tel un poignard. Poussé dans le précipice, les minutes semblaient être des heures. Plus tard, j'ai repris connaissance, couvert de sang et en larmes. Ramassant les lambeaux de mon pantalon, j'ai titubé pour rentrer chez moi.

Pendant les trois années qui ont suivi, je me suis entièrement consacré à l'école, aux tâches ménagères et au jardinage. Un jour, mon voisin Garth, âgé de 19 ans, m'a invité à jouer à Mortal Kombat. Les jeux vidéo sont devenus notre rituel. Quelques semaines plus tard, alors que nous jouions dans sa chambre, j'ai senti la main de Garth descendre le long de ma cuisse. Je me suis figé. « Tout va bien. C'est comme ça que s'amusent les grands garçons », a chuchoté Garth, puis il a enlevé mon pantalon. Les souvenirs que j'avais refoulés trois ans auparavant ont resurgi et je me suis retrouvé à revivre le cauchemar. Je suis ensuite rentré chez moi et je n'ai jamais parlé de ce qui s'était passé.

Un an plus tard, mes parents ont divorcé et maman et moi avons déménagé dans une banlieue paisible. Mon oncle nous rendait visite et profitait de l'occasion pour faire des travaux de petit bricolage dans la maison. Certains soirs, il passait la nuit chez nous et se glissait dans le lit à côté de moi. Une fois de plus, ces souvenirs que j'essayais tant bien que mal d'enfouir ont refait leur apparition.

J'ai commencé à croire que ces agressions étaient de ma faute, que je méritais toute cette souffrance qui menaçait de m'étrangler, alors j'ai décidé d'agir. Une semaine avant mon quinzième anniversaire, après une journée d'école épuisante sur le plan émotionnel, j'ai embrassé ma mère sur le front, je suis allée dans la cuisine et j'ai pris une longue corde.

« Qu'est-ce que tu fais avec cette corde ? » a-t-elle demandé.

« C'est pour un projet scolaire », ai-je menti, et je suis allé dans ma chambre. Après que maman s'est endormie, j'ai jeté la corde par-dessus la balustrade du toit, j'ai passé ma tête dans le nœud coulant et j'ai sauté d'une chaise. J'ai ressenti une vive douleur au niveau du cou, puis entendu un bruit sourd lorsque mon visage a heurté le sol en béton froid.

« Est-ce que tout va bien ? », a crié maman.

« Oui ! » ai-je répondu d'une voix étouffée, l'empreinte de la corde me piquant le cou. Je l'ai desserrée et je me suis mis à sangloter parmi les bouteilles de bière vides et les mégots de cigarettes qui m'entouraient. J'étais incapable de réussir quoi que ce soit, y compris de mettre fin à mes jours.

À l'université, quelques années plus tard, ma relation avec Alex s'est soldée par un échec. C'était une relation passionnelle, alimentée par des séances de révision nocturnes et des aspirations communes de devenir médecins et d'aider les autres. Alex était intelligent et charmant, tandis que moi, j'étais déterminé et extrêmement loyal. Mais au fil du temps, des fissures ont commencé à apparaître. Les pressions de l'école, l'incertitude quant à notre avenir et mon sentiment croissant d'inadéquation m'ont poussé à chercher du réconfort dans l'alcool, dont je suis devenu dépendant. Alex, qui voulait désespérément m'aider, mais ne savait pas comment s'y prendre, a nourri cette dépendance en fermant les yeux sur mes promesses vides et mes excuses d'ivrogne.

Après d'autres échecs amoureux et l'abus de drogues et d'alcool, j'ai croisé une vieille amie qui m'a rappelé que j'avais autrefois voulu devenir médecin parce que je ne supportais pas de voir les gens souffrir. Je lui ai dit que cette personne n'existait plus et que ma vie était désormais un gâchis. Elle pouvait lire l'agonie dans mes yeux creusés par les cernes et m'a invité à prendre un café pour discuter.

Le café s'est transformé en confession ponctuée de pleurs. Je lui ai tout raconté. Elle a pleuré avec moi et m'a convaincu de me battre non seulement pour moi-même, mais aussi pour d'autres personnes comme moi. Quelque chose dans sa voix m'a inspiré. Un mois plus tard, je me suis rendu à Out-Right Namibia, la plus vieille association LGBTQ du pays, et je leur ai demandé comment je pouvais leur être utile. J'ai été engagé comme bénévole pour la communication et le plaidoyer, et j'y travaille encore aujourd'hui.

Aujourd'hui, je me sers de ma douleur et de tout ce que j'ai vécu pour aider les autres. En plaidant pour nos droits et en racontant nos histoires, j'ai choisi de faire naître des cendres un peu de beauté.

Tristan est spécialiste en communication et plaidoyer, avec une expertise dans les droits des minorités sexuelles, la formulation des notes d'orientation politique, les relations publiques et le plaidoyer en ligne. Au sein d'Out-Right Namibia, il a mené une campagne visant à abolir la loi anti-sodomie en Namibie.

SHADOWS OF ACCEPTANCE

JACOB KEITA
The Gambia

During my primary school years in Bakau, I befriended a classmate named Sheikh. Sheikh proudly displayed his femininity as part of his authentic self. Such openness about gender diversity remains rare in a religious country like The Gambia, where queerness is often condemned and criminalised. Sadly, Sheikh's openness made him an easy target for bullying and discrimination by our peers. I was bullied too, merely for being his friend.

Our schoolmates would not let us play football or video games with them. Some parents told their children to stay away from us because of gossip that Sheikh was gay. Every day, our classmates called us names and subjected us to other cruelties. High school was no different; the abuse persisted. Sometimes even teachers joined in humiliating us. Although it was hurtful to face such cruelty over and over, one thing gave us the strength to persevere: our unwavering friendship.

School wasn't the only place we faced discrimination. My uncle Baba always disapproved of Sheikh. Every time he saw us out together, Baba would vilify Sheikh and urge me to go home. I grew anxious and scared, in part because Baba's disapproval was not just verbal. Sometimes he'd punish me, giving my four siblings chocolate - none for me. I felt left out and confused as to why he treated me differently.

One time, Baba came to our house angry and demanded that my mother forbid me from spending time with Sheikh. Fortunately, my mother stood up for us. She reminded Baba that we had been friends for years and she had never seen anything wrong with our friendship. Although Baba continued his disapproval, my mother's unconditional support made me feel validated and loved.

Despite my mother's love, the constant attacks and criticism Sheikh and I faced led to profound mental health problems. We suffered from depression and self-doubt. We felt ostracised by our own siblings and communities. I remember once at the mosque a man approached us and told Sheikh to leave. When I asked why, the man said Sheikh was evil.

Fearing for Sheikh's safety, his parents moved their family to a different city when we were in high school. I hated losing my friend to society's skewed perceptions. I spent the entire night he left crying and grieving for him and for others who are punished for or prevented from expressing their authentic selves.

A few years later, just after I'd turned 19, a former classmate called me unexpectedly. She said Sheikh was seriously ill from a drug overdose and had been admitted to hospital in nearby Banjul. Anxious and worried, I rushed to visit him. The hospital was bustling with activity, but I found Sheikh lying on a bed in horrible pain. His eyes brimmed with tears.

Sheikh saw me and grasped my hand. "How are you feeling?" I asked. "Fine, after seeing you", he responded, then asked me to "be there for everyone and help them out". With those last words, he closed his eyes.

"Sheikh, Sheikh, Sheikh!" I cried out, but he didn't respond. We called the doctor, but it was too late. Sheikh's mother came into the room, and we all realised that Sheikh had died. Even after 15 years, the memory of Sheikh's death and final words still haunt me.

Four years later, in 2013, my mother and friends suggested I honour Sheikh's dying request. I took their advice to heart and quit my career in finance to start helping marginalised groups in my community.

Although my decision came with financial and social challenges, including plenty of stigma, I still believe shifting my focus to human rights advocacy was the right thing to do. I now work to generate greater awareness about LGBTI rights in The Gambia and to soften society's attitudes toward marginalised communities. In doing so, I'm proud to honour Sheikh's legacy and fulfil his final wish.

Jacob Keita is a communications officer for the African Center for Democracy and Human Rights Studies in Banjul, where he works to improve LGBTI rights across The Gambia.

LES OMBRES DE L'ACCEPTATION

JACOB KEITA
La Gambie

Pendant mes années d'école primaire à Bakau, je me suis lié d'amitié avec un camarade de classe nommé Sheikh. Sheikh était fier de son côté féminin, considérant cela comme faisant partie intégrante de sa véritable identité. Une telle ouverture à la notion de diversité des genres est rare dans un pays religieux comme la Gambie, où être queer est souvent condamné et criminalisé. Malheureusement, cette ouverture rendait Sheikh vulnérable au harcèlement et à la discrimination de la part de nos camarades. J'ai moi aussi été victime de harcèlement, tout simplement parce que j'étais son ami.

Nos camarades de classe ne voulaient pas jouer au football ou aux jeux vidéo avec nous. Certains parents disaient à leurs enfants de ne pas nous approcher à cause des rumeurs selon lesquelles Sheikh était gay. Chaque jour, nos camarades de classe nous insultaient et nous infligeaient d'autres cruautés. Le collège n'a pas été différent ; les abus ont persisté. Parfois, même les professeur·es se joignaient à elleux pour nous humilier. Bien que faire face à tant de cruauté encore et encore ait été douloureux, une chose nous a donné la force de persévérer : l'amitié inconditionnelle qui nous liait.

L'école n'était pas le seul endroit où nous étions victimes de discrimination. Mon oncle Baba n'avait jamais aimé Sheikh. Chaque fois qu'il nous voyait ensemble, Baba se mettait à critiquer Sheikh et me demandait de rentrer à la maison. Cela m'angoissait et me faisait peur, d'autant plus que la désapprobation de Baba n'était pas seulement verbale. Parfois, il me punissait en donnant du chocolat à mes quatre frères et sœurs, mais pas à moi. Je me sentais exclu et je ne comprenais pas pourquoi il me traitait différemment.

Une fois, Baba est venu chez nous en colère et a exigé que ma mère m'interdise de passer du temps avec Sheikh. Heureusement, ma mère a pris notre défense. Elle a rappelé à Baba que cela faisait des années que nous étions amis et qu'elle n'y voyait rien de mal. Bien que Baba ait maintenu sa désapprobation, le soutien inconditionnel de ma mère m'a permis de me sentir accepté et aimé.

Malgré l'amour de maman, les attaques constantes et les critiques dont Sheikh et moi étions l'objet ont réellement affecté notre santé mentale. Nous souffrions de dépression et doutions de nous-mêmes. Nous nous sentions rejetés par nos frères et sœurs et par nos communautés. Je me souviens qu'un jour, à la mosquée, un homme s'est approché de nous et a demandé à Sheikh de s'en aller. Lorsque j'ai demandé pourquoi, l'homme m'a répondu que Sheikh était l'incarnation du mal.

Craignant pour la sécurité de Sheikh, ses parents ont déménagé dans une autre ville lorsque nous étions au lycée. J'ai détesté perdre mon ami à cause de la perception erronée de la société. J'ai passé toute la nuit de son départ à pleurer et à faire son deuil et celui de celles et ceux que l'on punit ou qui ne peuvent pas s'exprimer en toute liberté.

Quelques années plus tard, alors que je venais d'avoir 19 ans, une ancienne camarade de classe m'a appelé par hasard. Elle m'a informé que Sheikh était gravement malade à la suite d'une overdose et qu'il avait été admis dans un hôpital près de Banjul. Anxieux et inquiet, je me suis précipité à son chevet. L'hôpital était animé, mais j'ai trouvé Sheikh allongé sur un lit, visiblement en souffrance. Ses yeux étaient remplis de larmes.

Sheikh m'a vu et m'a serré la main. « Comment ça va ? », ai-je demandé. « Bien, maintenant que je t'ai vu », a-t-il répondu, puis il m'a demandé « d'être là pour tout le monde et de les aider. » Sur ces derniers mots, il a fermé les yeux.

« Sheikh, Sheikh, Sheikh ! » ai-je crié, mais il ne répondait pas. Nous avons appelé le médecin, mais il était trop tard. La mère de Sheikh est entrée dans la pièce, et nous avons tou·tes compris qu'il était mort. 15 après, le souvenir de la mort de Sheikh et de ses derniers mots me hante encore.

Quatre ans plus tard, en 2013, ma mère et mes ami·es ont suggéré que j'honore la dernière volonté de Sheikh. J'ai pris leur conseil à cœur et j'ai abandonné ma carrière dans la finance pour aider les personnes marginalisées de ma communauté.

Bien que ma décision ait été accompagnée de défis financiers et sociaux, y compris une forte stigmatisation, je reste convaincu que me concentrer sur la promotion des droits humains était la bonne chose à faire. Aujourd'hui, je travaille à la sensibilisation aux droits des personnes LGBTI en Gambie et à changer les attitudes de la société envers les communautés marginalisées. En faisant cela, je suis fier d'honorer l'héritage de Sheikh et de réaliser son dernier souhait.

Jacob Keita est chargé de communication au Centre africain d'études sur la démocratie et les droits humains à Banjul, où il travaille à faire avancer les droits des personnes LGBTI en Gambie.

JUSTICE MUST BE SERVED

THEO THE DUCHESS
Zimbabwe

In January 2021, as the world was being ravaged by COVID-19, my friends and I were arrested for no particular reason.

It was a Tuesday morning in Harare and lockdown controls had just been relaxed a bit so we could move within a 5-km radius of our homes. Eager for some fresh air, we went for a walk just a few metres from our homestead. I was dressed in a zebra print blouse and skinny jeans, Tinashe's hair was plaited, and Percy was in a white T-shirt and shorts. In my motherland, where men are told to dress like men, our gender expressions are considered taboo. But hey! We're transwomen.

As we passed the local police station, two gigantic officers stopped us by the gate.

"Where are you coming from, and where are you going?" one asked. "You are gay, proceed to the police station", the other interjected.

Puzzled and trying to process what was going on, we kept quiet and followed his order.

At the time, I was a peer educator for Trans Smart Trust, a community-based organisation that works to ensure inclusive health care for transgender and intersex people in Zimbabwe. I didn't know much about the law.

We were handcuffed and brought into the station, a complete violation of our human rights, and locked in a holding cell. The police officers called us all sorts of derogatory names and threatened to move us to the male cells to be raped. We were harassed and verbally abused, never fighting back for fear we would be detained overnight.

At first, we remained silent. Then I remembered we still had our belongings, including our cell phones. I phoned 393, a local youth helpline. They couldn't assist us but suggested we get in touch with Gays and Lesbians of Zimbabwe (GALZ), an association that advocates for the rights and freedom of LGBTI persons in my country.

At the mention of GALZ, I suddenly remembered what I'd learned at their human rights workshop in 2020. It was a session on paralegals and understanding the Constitution in situations just like this. That's when I remembered a crucial contact I'd saved in my phone.

I called the advocacy group Zimbabwe Lawyers for Human Rights (ZLHR), and they promised to send a lawyer to the police station.

During our four terrifying hours of detainment, I realised I'd underestimated the workshops and services that community-based organisations provide to support LGBTIQ communities in Zimbabwe. I somehow thought these trainings were a waste of time, but by the end of our ordeal, I could see their immense value.

We were released just as the ZLHR lawyer arrived. Though I was free, I was still devastated by the ordeal and asked him for legal advice. I felt that justice must be served.

The lawyer helped me sue the police for violating my human rights and exhibiting bias against members of the LGBTIQ community, which resulted in our unlawful detainment and humiliation. Section 51 of Zimbabwe's Constitution states that everyone has the right to dignity in their private and public life and the right to have that dignity respected and protected.

Transphobia and taboos around our existence made suing the state incredibly difficult. My court hearings spanned a year, but I knew I had to stand up for my rights and the human rights of our LGBTIQ community.

When the day of judgement came in November 2022, the judge ruled in my favour and ordered the police officer to pay 400,000 Zimbabwean dollars (about 3,500 USD at the time) as compensation for the inhumane and degrading treatment I faced.

I was delighted and relieved to hear the verdict. In a country where we continue to face stigma and unlawful arrest, this favourable judgement gave me hope that LGBTIQ Zimbabweans can actually use our Constitutional laws to defend ourselves. It also gave me the strength to accelerate my advocacy via legal channels.

Justice served gave me room to speak. I now work as the programmes coordinator for Purple Royale Trust, a podcast that gives transgender and intersex persons a platform to share their lived realities and keep fighting for a just and equal future.

Theo the Duchess is a transgender activist and the programmes coordinator at Purple Royale Trust. They are working to see diverse gender identities recognised in Zimbabwe without the fear of victimisation.

JUSTICE DOIT ÊTRE FAITE

THEO THE DUCHESS
Zimbabwe

En janvier 2021, alors que le monde entier était ravagé par la COVID-19, mes ami·es et moi avons été arrêté·es sans raison particulière.

C'était un mardi matin à Harare et les mesures de confinement venaient d'être légèrement assouplies, nous permettant de nous déplacer dans un rayon de 5 km autour de nos maisons. Désireux·ses de prendre l'air, nous sommes allé·es nous promener non loin de chez nous. J'étais vêtu·e d'un chemisier imprimé zèbre et d'un jean moulant, Tinashe avait les cheveux tressés, et Percy portait un T-shirt blanc et un short. Dans mon pays, où les hommes sont censés s'habiller comme des hommes, notre expression de genre est considérée comme tabou. Mais bon ! Nous, nous sommes des femmes transgenres.

En passant devant le poste local de police, deux officiers imposants nous ont interpellé·es alors que nous nous trouvions près du portail.

« D'où venez-vous et où allez-vous ? », a demandé l'un d'eux. « Vous êtes gays. Passez ici », a ajouté l'autre en indiquant le poste de police.

Perplexes et cherchant à comprendre ce qui se passait, nous nous sommes tu·es et avons obéi à leurs ordres.

À l'époque, j'étais éducateurice pour Trans Smart Trust, une association communautaire qui travaille à garantir des soins de santé inclusifs pour les personnes transgenres et intersexes au Zimbabwe. Je ne connaissais pas grand-chose au droit.

Nous avons été menotté·es et amené·es au poste, ce qui constituait une violation totale de nos droits humains, puis enfermé·es dans une cellule de détention. Les policiers nous ont traité·es de toutes sortes de noms méprisants et ont menacé de nous transférer dans les cellules pour hommes où nous serions violé·es. Nous avons subi le harcèlement et les agressions verbales sans jamais broncher, de peur qu'on nous y garde toute la nuit.

Au début, nous sommes resté·es silencieux·ses. Puis, je me suis rappelé·e que nous avions encore nos affaires sur nous, y compris nos téléphones portables. J'ai appelé le 393, une ligne d'assistance locale pour les jeunes. Iels n'ont pas pu nous aider, mais ont suggéré que nous contactions Gays and Lesbians of Zimbabwe (GALZ), une association qui défend les droits et libertés des personnes LGBTI dans mon pays.

À la mention de GALZ, je me suis soudainement rappelée ce que j'avais appris lors de leur atelier sur les droits humains en 2020. La session avait porté sur les parajuristes et la compréhension de la Constitution dans des situations comme celle dans laquelle nous nous trouvions. C'est alors que je me suis souvenue d'un contact important que j'avais enregistré dans mon téléphone.

J'ai appelé Zimbabwe Lawyers for Human Rights (ZLHR / Avocat·es du Zimbabwe pour les Droits Humains), un groupe de défense des droits humains, qui m'a assuré qu'iels enverraient un·e avocat·e au poste de police.

Au cours des quatre heures terrifiantes qu'a duré notre détention, j'ai réalisé que j'avais sous-estimé les ateliers et les services que les associations communautaires proposent pour soutenir les communautés LGBTIQ au Zimbabwe. Je pensais que ces formations étaient une perte de temps, mais à la fin de cette épreuve, j'ai compris qu'elles étaient d'une très grande utilité.

Nous avons été libéré·es juste au moment où l'avocat·e de ZLHR est arrivé·e. Même si j'étais enfin libre, cette épreuve m'avait profondément bouleversé·e et je lui ai demandé des conseils juridiques. Justice devait être faite.

L'avocat·e m'a aidée à porter plainte contre la police pour avoir violé mes droits et pour ne pas avoir fait preuve d'impartialité à l'égard des membres de la communauté LGBTIQ, ce qui avait entraîné notre détention illégale et notre humiliation. L'article 51 de la Constitution du Zimbabwe stipule que toute personne a droit à la dignité dans les sphères privée et publique, ainsi qu'au respect et à la protection de cette dignité.

La transphobie et les tabous qui entourent notre existence ont rendu les poursuites judiciaires contre l'État incroyablement difficiles. Mes audiences se sont étalées sur une année, mais je savais que je devais me battre pour mes droits et ceux des membres de la communauté LGBTIQ.

Le jour du verdict, en novembre 2022, le juge m'a donné raison et a ordonné à l'officier de police de payer 400 000 dollars zimbabwéens (environ 3 500 USD à l'époque) en guise de compensation pour le traitement inhumain et dégradant que j'avais subi.

J'ai été heureux·se et soulagé·e d'entendre le verdict. Dans un pays où nous sommes systématiquement confronté·es à la stigmatisation et aux détentions arbitraires, ce verdict favorable me redonne espoir quant à la possibilité réelle du recours à la Constitution dont disposent les personnes LGBTIQ zimbabwéennes pour se défendre. Cela m'a également donné la force de poursuivre mes actions de plaidoyer en recourant aux voies légales.

Le fait que justice a été faite me permet de m'exprimer. Je travaille aujourd'hui comme coordinateurice des programmes pour Purple Royale Trust, un podcast qui donne aux personnes transgenres et intersexes une plateforme sur laquelle elles peuvent partager leurs expériences et puiser la force de continuer à se battre pour un avenir juste et égalitaire.

Theo the Duchess est un·e activiste transgenre et coordinateurice de programmes au Purple Royale Trust. Iel milite pour que les diverses identités sexuelles soient reconnues au Zimbabwe sans crainte de victimisation.

THE CALL

STORY BY KIYEGGA ANDEW

THE CALL

KIYEGGA ANDREW
Uganda

Imagine those sleep-paralysis dreams where you find yourself falling into an endless pit, struggling to grab onto anything. Your voice, shouting "Help me!", wakes you up. This is my story.

I was born in a village outside Kampala in 1992. Growing up, I had to prove my worth to an extended family who ridiculed my effeminate character. My sissy voice, catwalk strut, and sensitive nature all made me vulnerable to bullying. I remember Mum waking me up every morning so that I could follow my brother to school and copy his more "masculine" walking style. With hard work, my posture straightened, but my internal self remained "bent" away from the so-called "normal".

Despite my family's judgement, I became their go-to person in times of crisis. After all, I'm the only medical clinician in the family.

One morning in February 2023, I was wrapped in a wool blanket savouring the tranquil tapping of rain on my window when a shrill ring broke the peace. It was a call from home, urgent and unexpected.

"Hello Mum", I murmured, my voice still groggy. "It's early. Is everything alright?"

"Andy, come home now. I need to talk to you."

My mind raced from one medical emergency to the next. I hurried from my cocoon and called a taxi to the village. Twenty minutes later, I stood at the threshold of a journey I hadn't foreseen.

Home was quiet and no one answered at the gate, so I let myself in. "Come here!" my mum's voice rang through her bedroom window.

As I walked closer to enter the house, she started yelling about wanting to banish my female cousin from home. She told me she'd stumbled upon her and the maid, both women in their early 20s, caressing. Mum had always suspected my cousin was a lesbian and worried she would transfer her "manners" to our young nieces and nephews at home.

Her rant was triggering. It felt like she was swiping at my own life. I reminded Mum that my cousin was young and simply needed guidance. Mum fell

111

silent, avoided eye contact, and with a tone of disappointment exclaimed, "So, you support her!" Her indictment scared me and jumbled my thoughts.

"Mum, it's your home. You choose what happens", I said, then lied about needing to rush off for work and left.

This event kept playing in my head until my elder brother, who already knew I was gay, called me at work the next week.

"Why did you tell Mum?" he asked. "Can't you keep sensitive information to yourself?"

Instinctively I knew he was referring to my sexual orientation. I hung up. I assumed he had outed me to Mum or somehow helped her connect the dots.

I closed my office door, flung myself down, and sobbed. Loneliness, guilt, and shame coiled within me. I was finished. After shedding my emotions, I tried calling my brother back, but he wouldn't answer.

I soon learned that Mum had used my reaction to my cousin's sexuality to validate her long-held fear that I was gay. She suspected I was in love with a male friend who used to visit me when I still lived with my parents. She claimed my effeminate ways could only come from queerness. And she shared all these thoughts with the rest of my siblings and her friends, seeking advice about how to make me "normal". The more I tried to keep my sexual life private, the more everyone pried and made up stories about me.

News about my sexual orientation and my activism with the local queer community started spreading around the village and came back to me like a spear to the heart. For months, relatives, village mates, and childhood friends sent hateful and threatening messages. I grew increasingly isolated to protect my safety. My once comfortable home life became a den of fear lurking in every corner, ready to tear me apart. All efforts to reconnect with my family became fruitless.

My situation only worsened when Uganda's Anti-Homosexuality Act became law in May 2023. Relatives started calling to give me "conversion therapy" or WhatsApped me photos of my workplace, threatening to attack. These messages tested my mental health and pushed me to relocate twice for my own safety. I blocked my relatives' phone numbers and created my own queer support family from three friends who'd faced similar trials. This chosen family brought some much-needed relief and improved my sense of belonging.

The rejection I faced from my biological family, though painful, redirected my life journey and reshaped my resolve. I found myself more attached to improving the lives of LGBTQ persons in my community. The more I saw myself in other queer people's stories, the more visible my queer activism became.

While loneliness hurts, being myself is medicinal. It gives me the chance to live authentically and to empower my queer community so that, one day, we can all live without fear.

Kiyegga Andrew is a human rights and health activist, a medical clinician, and the founder and executive director of Proud Legends Initiative, an organisation focused on improving the livelihoods of Uganda's older LGBTQ community.

L'APPEL

KIYEGGA ANDREW
Ouganda

Vous voyez ce genre de rêves où on est paralysé·es dans son sommeil, où on se retrouve en chute libre dans un puits sans fond, en essayant de s'accrocher à quelque chose. La voix qui hurle « Aidez-moi ! », vous réveille. C'est mon histoire.

Je suis né en 1992 dans un village situé à la périphérie de Kampala. En grandissant, j'ai dû prouver ma valeur à ma grande famille qui se moquait du fait que j'étais efféminé. Ma voix de tapette, ma démarche de mannequin et ma nature sensible me rendaient particulièrement vulnérable aux moqueries. Je me souviens que ma mère me réveillait tous les matins pour que je suive mon frère à l'école et [que j'apprenne à] imiter sa démarche plus « masculine. » Avec beaucoup d'efforts, ma posture s'est redressée, mais mon moi intérieur est resté « tordu » par rapport à ce que l'on considère comme « normal. »

Malgré le jugement de ma famille, je suis devenu la personne de confiance en temps de crise. Après tout, je suis le seul médecin clinicien de la famille.

Un matin de février 2023, j'étais emmitouflé dans une couverture en laine, savourant le battement tranquille de la pluie sur ma fenêtre, lorsque soudain, une sonnerie stridente a percé le silence paisible. C'était un appel téléphonique urgent et inattendu de ma mère.

« Bonjour maman », ai-je murmuré, la voix encore endormie. « Il est encore tôt. Tout va bien ? »

« Andy, viens à la maison immédiatement. Il faut que je te parle. »

J'ai imaginé une urgence médicale après l'autre. J'ai quitté précipitamment mon cocon et appelé un taxi pour me rendre au village. Vingt minutes plus tard, j'entamais un voyage que je n'avais jamais prévu de faire.

La maison était calme et personne ne venant m'ouvrir le portail, je suis alors entré. « Viens ici ! », la voix de ma mère a résonné à travers la fenêtre de sa chambre.

Alors que je me rapprochais de l'entrée de la maison, elle a commencé à hurler qu'elle voulait chasser ma cousine de la maison. Elle m'a dit qu'elle était tombée sur elle et la femme de ménage, toutes deux âgées d'une vingtaine d'années, en train de se caresser. Maman avait toujours soupçonné ma cousine d'être lesbienne et craignait qu'elle ne transmette ses « manières » à nos jeunes nièces et neveux qui habitaient chez nous.

Le coup de gueule qu'elle a poussé a été un déclencheur. J'avais l'impression qu'elle s'en prenait à moi. Je lui ai rappelé que ma cousine était encore jeune et qu'elle avait simplement besoin d'être guidée. Ma mère s'est tue, a évité mon regard et a lâché d'un ton désapprobateur : « Alors, tu la soutiens ! » Son ton accusateur m'a effrayé et a embrouillé mes pensées.

« Maman, c'est ta maison. C'est toi qui décides de ce qui s'y passe », ai-je dit, puis j'ai menti en disant que je devais me dépêcher pour aller au travail et je suis parti.

Cet événement est resté gravé dans ma mémoire jusqu'à ce que mon frère aîné, qui savait déjà que j'étais gay, m'appelle au travail la semaine suivante.

« Pourquoi en as-tu parlé à maman ? » a-t-il demandé. « Tu ne peux pas garder ce genre d'informations sensibles pour toi ? »

Instinctivement, j'ai compris qu'il faisait référence à mon orientation sexuelle. J'ai raccroché, supposant qu'il avait dévoilé mon orientation à maman ou qu'il l'avait aidée d'une manière ou d'une autre à faire le lien.

J'ai fermé la porte de mon bureau, je me suis laissé tomber par terre et j'ai éclaté en sanglots. La solitude, la culpabilité et la honte m'ont envahi. Je n'en pouvais plus. Après avoir évacué mes émotions, j'ai essayé de rappeler mon frère, mais il ne répondait pas.

J'ai rapidement compris que ma mère avait utilisé ma réaction à la sexualité de ma cousine pour confirmer ce qu'elle craignait depuis fort longtemps, à savoir que j'étais gay. Elle me soupçonnait d'être amoureux d'un ami qui me rendait visite lorsque j'habitais encore chez elle et mon père. Elle affirmait que mon allure efféminée ne pouvait être que le résultat de mon homosexualité. Elle en parlait à mes frères et sœurs ainsi qu'à ses ami·es, en quête de conseils pour que je devienne « normal. » Plus j'essayais de préserver ma vie sexuelle, plus tout le monde s'en mêlait et inventait des histoires à mon sujet.

La nouvelle de mon orientation sexuelle et de mon activisme au sein de la communauté queer locale a commencé à se répandre dans le village, me frappant comme un poignard au cœur. Pendant des mois, des proches, des camarades de village et des ami·es d'enfance m'ont envoyé des messages haineux et des menaces. Pour assurer ma sécurité, je me suis progressivement isolé. Ma vie de famille, autrefois paisible, s'est transformée en un repaire de peurs tapies dans les coins et recoins, prêtes à me briser de toutes parts. Tous mes efforts pour renouer le contact avec ma famille sont restés vains.

Ma situation n'a fait qu'empirer lorsque l'Ouganda a promulgué sa loi contre l'homosexualité en mai 2023. Des proches ont commencé à me proposer une « thérapie de conversion » ou m'ont envoyé par WhatsApp des photos de mon lieu de travail, en menaçant de m'agresser. Ces messages ont mis ma santé mentale à rude épreuve et m'ont poussé à déménager deux fois pour ma propre sécurité. J'ai bloqué les numéros de téléphone de mes proches et j'ai formé ma propre famille de soutien queer avec trois ami·es qui avaient vécu des épreuves similaires. Cette famille choisie m'a apporté un répit bien mérité et a renforcé mon sentiment d'appartenance.

Le rejet que j'ai subi de la part de ma famille biologique, bien que douloureux, a réorienté mon parcours de vie et renforcé ma détermination. Je me suis engagé davantage dans l'amélioration de la vie des personnes LGBTQ+ au sein de ma communauté. Plus je m'identifiais aux histoires d'autres personnes queers, plus mon activisme queer devenait visible.

Si la solitude fait mal, être soi-même est un remède. Cela me permet de vivre de manière authentique et d'aider ma communauté queer à s'autonomiser pour qu'un jour, nous puissions tou·tes vivre sans crainte.

Kiyegga Andrew est militant des droits humains et de la santé, médecin clinicien et fondateur et directeur exécutif de Proud Legends Initiative, une association qui a pour mission d'améliorer les moyens de subsistance des personnes âgées de la communauté LGBTQ de l'Ouganda.

RELEASE YOUR GUILT & SHAME

ASHLEY KUDZAISHE
South Africa

I was born in the heart of Zimbabwe, stifled by conservative whispers and silence surrounding anything queer.

My parents separated when I was four, and I moved in with my mom, who drowned herself in work. I shifted between her place and my grandparents' house, where I was subtly introduced to the world's queerphobic undercurrents.

From the tender age of six, I endured the weight of name-calling and constant scolding for being too feminine. "Susan!" my uncle would call out, mocking me with a woman's name of his choosing, "What are you doing wearing your cousin's pumps? Why do you spend time in front of the mirror? You should walk like a boy! *Uringochani?* / Are you a homosexual?"

Confused, I would ask my mom what he meant, but she'd always brush it off. My parents assured me nothing was wrong. I was just a kid growing up. Their embrace formed a protective bubble, shielding me from the full force of the world's ignorance in our small town outside Harare.

My mother was a fashion designer and seamstress and let me use spare fabric to sew outfits for my dolls. This didn't sit well with the relatives. "Boys don't play with dolls. If I see you with one, I'll beat you up", my aunties and uncles would threaten.

The name-calling and threats intensified with each passing year, but I didn't take them seriously. I was happy with who I was and loved what I loved. I challenged societal norms, leaving others bewildered by my perceived "abnormality".

As a teen queen assigned male at birth, the harsh reality of societal expectations finally fell upon me. I was thrust into a world that dictated who I should be, how I should talk and walk, who I should be attracted to – a world that condemned my very existence.

Despite my fervent prayers asking God to make me "normal", even promising to serve in His house forever if He would just change me, nothing changed. My feelings and sense of identity strayed from Sunday's sermons. All my

Illustration by Carbon

attempts to conform were in vain. I was labelled a demonic outcast, even within my own home.

The weight of guilt and shame bore down. I felt dirty and had nowhere to turn. I was angry at myself, my family, and at God. Why must I carry this burden? In my vulnerability, I fell prey to predators disguised as saviours.

The first man who took my innocence was a student teacher. I was 14. He said he would protect me from all the hate and love me the right way. How could I not trust him?

That afternoon, I wanted him to stop. But I knew stopping would make him angry, and I needed him. He climbed off, leaving me disoriented. "That's how it should feel, right? He loves me", I comforted myself as he drove me home.

He told me to keep it our secret, and I agreed. My guilt and shame played monkey games in my head. I had to tell someone, so I called Tari, the only other queer person I knew.

Tari told me I would eventually get used to it and that I could use my attractiveness to get what I wanted. I took her advice and ran with it.

From multiple beds to the club, an underaged and intoxicated me spiralled out of control. My mother, hearing whispers and seeing my drastic change in behaviour, disapproved.

A brush with the law at 16 was the final blow.

A party I attended turned into a nightmare of public indecency charges. I was chained and disgraced in front of my community. "Burn these *chi chi men* (derogatory slang for gay)!" people shouted as we were led into a big police truck. "You will be made a public example", one officer said.

In the holding cells, we were taunted and beaten. Abandoned by my family and facing a court case that threatened to unravel my fragile existence, I reached out to all the people I had given myself to, but no one was there for me.

Scared and out of options, I called my mom, who bailed me out. Amid my mother's disappointment, threats from the community, and a pending court case, I saw no choice but to leave. I fled to South Africa, seeking sanctuary in a foreign land.

Undocumented in Cape Town's bustling streets without a stable income or community, I was adrift and often mislabelled. "You're not gay enough". "You're too feminine". "You are a man attracted to other men, not a woman".

I knew who I was. I just couldn't find my own tribe. Alone with my thoughts, depression and anxiety pushed me to the brink of despair. I contemplated suicide multiple times.

In my darkest hour, I met Francis Amani and Masi Zhakata, two souls who saw beyond societal constructs and welcomed me with open arms.

They gave me a family. As co-creators of Pachedu (Shona for "On Our Own"), a non-profit organisation that aids queer refugees struggling with legal issues and food security, they helped me find the right support for my mental health.

Through their guidance and the transformative journey of SafePlace International's leadership course, The Dream Academy, I began to reclaim my identity, peeling back layers of guilt and shame. I embraced my transgender identity with unwavering certainty and vowed to be a safe haven for others who seek refuge from a world that tries to silence them.

Armed with newfound confidence, I embarked on a journey of advocacy. From the halls of South Africa's Parliament to television screens to TikTok, I'm now a fearless voice for marginalised people, championing the rights of transgender and queer individuals, refugees, and asylum seekers wherever I go.

In my role as Assistant Director at SafePlace International, I find purpose in serving those who, like me, seek asylum from persecution. Through my journey of self-discovery and empowerment, I've emerged not just as a transgender woman but as a symbol of hope and resilience for countless others seeking their truest selves.

Ashley Kudzaishe is an openly queer and transgender woman. She is Assistant Director at SafePlace International, a non-profit organisation that provides shelter, leadership courses, and seed funds to refugees around the world.

LIBÈRE-TOI DE LA CULPABILITÉ ET DE LA HONTE

ASHLEY KUDZAISHE
Afrique du Sud

Je suis née au cœur du Zimbabwe, étouffée par les murmures conservateurs et le silence entourant tout ce qui est queer.

Mes parents se sont séparé·es lorsque j'avais quatre ans, et j'ai emménagé avec ma mère, qui s'est plongée dans le travail. Plus tard, je suis passée de chez elle à la maison de mes grands-parents, où j'ai été discrètement exposée aux tendances queerphobes du monde.

Dès l'âge de six ans, j'ai enduré le poids des injures et des réprimandes constantes parce que j'étais trop efféminée. Mon oncle m'appelait « Susan ! », se moquant de moi avec un nom de femme qu'il avait choisi pour moi, « Pourquoi portes-tu les escarpins de ta cousine ? Pourquoi passes-tu ton temps à te mirer ? Tu devrais marcher comme un garçon ! *Uringochani* ? / Tu es homosexuel ? »

Confuse, je demandais à ma mère ce que cela voulait dire, mais elle balayait toujours mes questions d'un revers de main. Mes parents m'assuraient que tout allait bien, que j'étais tout juste une enfant et que je grandissais. Leurs étreintes formaient un cocon protecteur autour de moi, me préservant de l'ignorance qui régnait dans notre petite ville située en périphérie de Harare.

Ma mère était styliste et couturière, et elle me laissait utiliser les chutes de tissus pour coudre des tenues pour mes poupées. Cependant, cela ne plaisait pas à ma famille. « Les garçons ne jouent pas à la poupée. Si je te vois avec une poupée, je te frappe », menaçaient mes oncles et tantes.

Les injures et les menaces se sont intensifiées d'année en année, mais je ne les prenais pas au sérieux. J'étais heureuse d'être moi-même et j'aimais ce que j'aimais. Je remettais en question les normes sociétales, laissant les autres perplexes face à ce que je percevais comme une « anormalité. »

En tant que jeune reine à laquelle on avait attribué le sexe masculin à la naissance, la dure réalité des attentes sociétales m'a finalement rattrapée. J'ai été propulsée dans un monde qui dictait qui je devais être, comment je devais parler et marcher, qui je devais aimer – un monde qui condamnait mon existence même.

Malgré mes prières ferventes demandant à Dieu de me rendre « normale », lui promettant même de le servir dans sa Maison pour toujours s'il voulait bien me changer, rien n'a changé. Mes sentiments et mon identité s'éloignaient des sermons dominicaux. Toutes mes tentatives pour me conformer étaient vaines. J'ai été étiqueté comme un paria démoniaque, même chez moi.

Le poids de la culpabilité et de la honte me pesait. Je me sentais sale et ne savais pas vers qui me tourner. J'étais en colère contre moi-même, contre ma famille et même contre Dieu. Pourquoi devais-je porter ce fardeau ? Dans ma vulnérabilité, j'ai été la cible de prédateurs qui se faisaient passer pour des sauveurs.

Le premier homme qui a volé mon innocence était un étudiant enseignant. J'avais 14 ans. Il m'a dit qu'il me protégerait de toute cette haine et qu'il m'aimerait comme il se devait. Comment pouvais-je ne pas lui faire confiance ?

Cet après-midi-là, je voulais qu'il arrête. Mais je savais que cela le mettrait en colère, et j'avais besoin de lui. Il s'est retiré, me laissant désorientée. « C'est ce qu'on est censé·e ressentir, n'est-ce pas ? Il m'aime », me suis-je dit pour me réconforter alors qu'il me ramenait chez moi.

Il m'a dit de garder ça secret, et j'ai accepté. La culpabilité et la honte me jouaient des tours. Il fallait que j'en parle à quelqu'un, alors j'ai appelé Tari, la seule autre personne queer que je connaissais.

Tari m'a dit que je finirais par m'y habituer et que je pourrais user de mon charme pour obtenir ce que je voulais. J'ai suivi son conseil et je l'ai mis en pratique.

Passant d'un lit à un autre aux nuits en boîte de nuit, la mineure ivre que j'étais est devenue ingérable. Ma mère, qui avait entendu des rumeurs et voyant mon comportement changer radicalement, désapprouvait.

À 16 ans, des démêlés avec la loi ont été le coup de grâce.

Une fête à laquelle je me suis rendue a viré au cauchemar, avec des accusations d'outrage public à la pudeur. J'ai été menottée et humiliée devant les membres de ma communauté. Les gens scandaient « Brûlez ces *chi chi men* » (expression argotique péjorative pour désigner les gays), tandis qu'on nous emmenait dans un gros fourgon de police. Un officier nous a dit : « Nous ferons de vous un exemple. »

Dans les cellules de détention, nous avons été victimes de railleries et de coups. Abandonnée par ma famille et confrontée à un procès qui menaçait d'anéantir mon existence déjà fragile, j'ai tenté de joindre toutes ces personnes à qui je m'étais donnée, mais personne n'a répondu à mes appels.

Effrayée et à court d'options, j'ai appelé ma mère, qui a payé ma caution. Face à sa déception, aux menaces de la communauté et à une procédure judiciaire en cours, je n'ai pas eu d'autre choix que de partir. J'ai fui vers l'Afrique du Sud, à la recherche d'un refuge dans un pays étranger.

Sans papiers dans les rues animées du Cap, sans revenu stable ni communauté, j'étais à la dérive et souvent on me disait à tort : « Tu n'es pas assez gay. » « Tu es trop efféminé. » « Tu es un homme attiré par d'autres hommes, pas une femme. »

Moi, je savais qui j'étais, mais je n'arrivais pas à trouver cette communauté qui serait la mienne. Seule avec mes pensées, la dépression et l'anxiété m'ont poussée au bord du désespoir. J'ai envisagé le suicide à plusieurs reprises.

Au plus profond du gouffre, j'ai rencontré Francis Amani et Masi Zhakata, deux âmes qui ont vu au-delà des constructions sociétales et qui m'ont accueillie à bras ouverts.

Iels m'ont donné une famille. En tant que co-créateurices de Pachedu (expression en langue Shona voulant dire « Tou·tes seul·es »), une association à but non lucratif qui aide les réfugié·es queers confronté·es à des problèmes juridiques et d'insécurité alimentaire, iels m'ont aidée à trouver le soutien dont j'avais besoin pour ma santé mentale.

Grâce à leurs conseils et au parcours transformateur de la formation en leadership de SafePlace International, The Dream Academy, j'ai commencé à me réapproprier mon identité, en pelant les couches de culpabilité et de honte. J'ai accepté mon identité transgenre avec une conviction inébranlable et j'ai juré d'être un havre de paix pour celleux en quête de refuge dans un monde qui tente de les réduire au silence.

Armée d'une confiance retrouvée, je me suis lancée dans la promotion des droits humains. Des couloirs du Parlement sud-africain aux écrans de télévision en passant par TikTok, je suis désormais porte-parole intrépide des personnes marginalisées, et je me bats pour les droits des personnes transgenres et queers, des réfugié·es et des demandeureuses d'asile partout où je vais.

En tant que directrice adjointe de SafePlace International, je trouve une raison d'être au service de celleux qui, comme moi, demandent l'asile pour échapper à la persécution. Grâce à mon parcours de découverte de soi et d'autonomisation, je suis devenue non seulement une femme transgenre, mais aussi un symbole d'espoir et de résilience pour d'innombrables personnes en quête de leur véritable identité.

Ashley Kudzaishe est une femme ouvertement queer et transgenre. Elle est directrice adjointe de SafePlace International, une association à but non lucratif qui héberge des réfugié·es, dispense des cours de leadership et met à disposition des fonds d'amorçage aux réfugié·es du monde entier.

ETERNAL FRIENDSHIP

AXEL
Gabon

My story begins in February 2017, a dark month in Libreville when five of our gay friends died from AIDS. Among them were Akim, who died at 31, and his boyfriend Yoan, 27.

Akim was my best friend. In our youth, we played with dolls and whatever else we liked without judgement from anyone. We stood out for our similar styles of dress and appearance. It was through Akim that I discovered our local LGBTQIA+ community. We used to go to private gay parties together without our parents knowing. He was a pillar in our neighbourhood, so experienced and assertive about being part of the LGBTQIA+ community. I always admired how comfortable and confident he seemed.

In 2008, Akim and I were in the same high school class. Together, we weathered waves of homophobia and insults from our fellow students. I was often teased for my feminine appearance. Growing up in a very Christian family, I believed that my feelings for men made me an evil person. Through Akim, I learned not to be ashamed of myself. In him, I found a kindred spirit. He helped me see that I deserved to live fully, like anyone else. To this day, I draw strength from my best friend's encouragement.

A year before his death, Akim's health began to deteriorate. One day he asked me to accompany him to the hospital for some tests. That's when he told me his HIV status. Knowing that HIV/AIDS was stigmatised as a "homosexual disease" in our country, I supported him and gave him the strength to tell his parents. Akim's mother was ostracised by her family for her son's "undeserving death", but together we stood by him through his final days.

Akim's and Yoan's deaths triggered a lot of things in my life. I went for my test and learned that I, too, was HIV-positive.

This made me realise that death isn't far away. So many questions raced through my mind: How do I tell my parents? How do I handle this without letting others know? How can I survive as long as possible?

I got lost in a whirlwind of pain, fear of dying, rage, and sadness over losing my friend and mentor. I still have his number saved in my phone. Just seeing his name brings me comfort.

Emerging from tragedy, I made a conscious decision to prioritise my health and take proactive steps to improve it. Living openly or being perceived as LGBTQI+ in Gabon presents significant challenges, including judgement and hostility at public hospitals. Through my research, I discovered local networks of community doctors who provide LGBTQI+ people access to treatment and medical examinations outside public facilities. This discovery inspired me to prioritise self-care and become an advocate to prevent further losses in my community due to AIDS.

In July 2017, I was admitted as a patient to Une Page Blanche Pour Ton Histoire (A Blank Page For Your Story), an association that works to combat HIV, raise awareness, and provide treatment for key populations in Gabon. Thanks to Page Blanche's support, I've received good healthcare and now live a quiet, fulfilling life.

My experience as a seropositive LGBTQI+ person gives me the strength to tell all young people in my country and around the world that discovering one's HIV-positive status is not the end, but the beginning of a new life. In doing so, I honour the memory of my brother Akim.

I'm proud of my evolution in leadership as a young LGBTQI+ activist, transitioning from logistics manager to external relations manager at Page Blanche. Our biggest achievement has been to erase the stigma of imminent death associated with HIV and replace it with hope for a brighter future.

Tears of joy and sadness fill my eyes as I reflect on my journey and the strength you continue to inspire in me, Akim. Rest in peace and power, my brother.

Axel is head of external relations at Une Page Blanche Pour Ton Histoire, a board member of Global Black Gay Men Connect, and a member of Fierté Afrique Francophone (Francophone Pride Africa). He lives in Gabon.

AMITIÉ ÉTERNELLE

AXEL
Gabon

Mon histoire commence en février 2017, au cours d'un mois sombre qui a vu cinq de nos amis gays mourir du sida à Libreville. Parmi les cinq, il y avait Akim, 31 ans et son petit ami Yoan, 27 ans.

Akim était mon meilleur ami d'enfance avec qui j'avais fait mes premiers pas dans l'univers gay. Dans notre jeunesse, on était libres de jouer à la poupée et à ce qui nous plaisait, sans jugements de qui que ce soit. Dans les ruelles de notre cité, on se démarquait par nos styles vestimentaires similaires et notre apparence.

Akim a été celui par qui j'ai découvert l'existence d'une communauté LGBTQIA+. Nous allions à des soirées privées gay ensemble à l'insu de nos parents. Il était une sorte de repère pour moi, dans le quartier où je vivais, car il était plus expérimenté et assumait mieux son appartenance à la communauté LGBTQIA+. J'admirais l'assurance qu'il dégageait.

En 2008, Akim et moi nous sommes retrouvés dans la même classe au collège, confrontés à l'homophobie et aux injures de nos condisciples. On m'injuriait très souvent à cause de mon apparence féminine. Ayant grandi dans une famille très chrétienne, je croyais au fond de moi que ce que je ressentais, le fait d'aimer les hommes faisait de moi une personne diabolique. Grâce à Akim, j'ai appris à ne pas avoir honte de ce que je suis. En lui, j'avais un semblable qui me permettait de me voir comme une personne méritant de vivre au même titre que les autres. Jusqu'à ce jour, je puise ma force en me remémorant les encouragements de mon meilleur ami.

Un an avant son décès, la santé d'Akim a commencé à se dégrader et un jour, il m'a demandé de l'accompagner faire des examens à l'hôpital. Étant assez proches, il avait fini par m'avouer son statut sérologique. Sachant que dans notre pays, à cette époque, le VIH/sida était considéré comme étant une maladie d'homosexuels, il n'avait personne d'autre capable de le soutenir et de lui donner la force d'avouer son état de santé à ses parents. Je l'ai soutenu jusqu'à son dernier souffle, avec sa maman qui avait été rejetée et abandonnée par sa famille, son fils ayant souffert « une mort indigne. »

Le décès d'Akim, suivi de celui de Yoan, a été le déclic de plein de choses dans ma vie. Je suis allé faire mon test et malheureusement, j'étais moi aussi séropositif.

Du coup, j'ai réalisé que la mort n'est pas si loin que je le pensais. Des tonnes de questions se bousculaient dans ma tête : Comment le dire à mes parents ? Comment gérer cela sans que les gens autour de moi ne le sachent ? Comment rester en vie le plus longtemps possible ?

Pendant un certain temps, j'étais perdu entre la douleur, la peur de mourir, la rage et la tristesse d'avoir perdu mon ami et mentor. Jusqu'à ce jour, je n'arrive pas à effacer son numéro de téléphone. Voir son nom dans mon téléphone me réconforte.

Suite à cette tragédie, j'ai décidé de me prendre en charge plus sérieusement et de faire de mon mieux pour que mon état de santé s'améliore. Vu les obstacles auxquels se heurtent les personnes ouvertement LGBTQI+ ou perçues comme telles au Gabon, ce n'était pas facile. Dans les structures hospitalières publiques, les personnes LGBTQI+ sont victimes des préjugés et se font crier dessus juste à cause de leur orientation sexuelle ou de leur identité de genre. Grâce à mes recherches, j'ai découvert des réseaux de personnes LGBTQI+ au Gabon qui s'organisent avec certain·es docteur·es de la communauté pour avoir accès aux traitements et aux examens médicaux sans avoir à se rendre dans les structures publiques. Cette révélation m'a motivé à prendre soin de moi-même et à lutter pour qu'aucun autre de mes proches ne meure du sida.

En juillet 2017, par ma détermination et mon témoignage, j'ai été admis comme patient au sein de l'association « Une Page Blanche Pour Ton Histoire », qui travaille dans le domaine de la lutte contre le VIH, la sensibilisation, et le traitement de populations clés au Gabon. Ainsi, j'ai pu bénéficier d'un meilleur suivi sanitaire et je vis maintenant une vie tranquille et épanouie.

Aujourd'hui, mon expérience en tant que personne séropositive et LGBTQI+ me donne la force de dire à tous les jeunes de mon pays et du monde qu'un diagnostic positif au VIH n'est pas la fin du monde mais plutôt le début d'une nouvelle vie. Ce faisant, j'immortalise la mémoire de mon frère Akim.

Je suis fier de mon évolution en tant que jeune leader activiste LGBTQI+ ayant été responsable logistique et aujourd'hui chargé des relations extérieures à Page Blanche. Notre victoire, c'est d'avoir réussi à substituer à l'image de la mort imminente face au VIH celle de l'espoir d'une vie meilleure.

En écrivant cette lettre, les larmes de tristesse qui coulent de mes yeux se diluent dans les larmes de joie que suscitent mon parcours et la force que tu m'inspires, Akim. Paix à ton âme, mon frère.

Axel est responsable des relations extérieures de l'association Une Page Blanche Pour Ton Histoire, membre du conseil d'administration du Global Black Gay Men Connect, et membre de Fierté Afrique Francophone. Il habite au Gabon.

KUTANA NAMI: MEET ME

KIM
Tanzania

I bought my first pair of boxers at 21. They were black and grey and made me feel so comfortable, so masculine, but I worried what my parents would think if they found men's underwear in my drawer. It was 2014, and they still considered me their little girl.

After washing them in the shower that evening, I grew anxious. Where could I dry them? It had to be somewhere my mother wouldn't look. I spread them out next to my dirty clothes.

After a month wearing these damp boxers, I got an infection and stopped. Abandoning them was heartbreaking, but my health was more important. I promised myself I'd wear them again one day. I wouldn't give up.

A few months later I moved to the other side of Dar es Salaam and enrolled at Kampala International University in Tanzania. Though it was challenging to share a room with seven other girls in the hostel, it was better than living under my parents' prying eyes. I struggled to fit in while also convincing these girls I was different.

"It's ok to be different, but you need to keep trying to have sex with guys", they would tell me. "Maybe your first boyfriend didn't do it right. Try it with someone else."

"But why should I keep trying something that hurts me?" I wondered.

One hot afternoon on campus, someone in a red shirt caught my eye. I couldn't stop staring. It was Smith, the trans man everybody talked about. Most people called him a tomboy. The word "trans" was new to me. I was filled with a desire to connect with Smith, so I asked my friend Safina, who knew him, to connect us.

"Why? You like him?" she asked.

"Nooo!" I giggled. "I just need to talk to him."

Once I got his number I didn't hesitate to text: "Hi Smith! This is Kim."

"Who gave you my number?"

Illustration by Wes Leal

"Safina," I responded, then went offline. I didn't know how he would respond to a stranger reaching out. When I went back online that evening, his response lit up my face. I asked him if we could meet.

I didn't know what we would talk about, but I decided to go with the flow. We agreed to meet that Saturday afternoon at the school canteen over chips maya.

"So, what do you want?" he asked.

"Are you a lesbian?"

"No, I'm a trans man," he said with a frown, then smiled.

"A trans man? What does that mean?"

"I am transitioning from female to male."

"Wait! What? So you have a penis? Where did you get it? Are you intersex?"

He smiled again. "No, no, but one day I'll share more with you."

"Okay," I said, but my mind was still confused. "So are you in a relationship with a boy or a girl?"

"Let's save all that for another day."

Weeks passed and we didn't communicate. I thought maybe I had offended him, but then I got his text: "Habari Kim, vipi hali? / Hello Kim, how are you?"

"Oh my God!" I exclaimed. My heart beat so fast. After his long silence, I didn't expect another message.

Smith said he wanted to take me somewhere and assured me not to worry. If I didn't like the place, I didn't have to go with him again. I agreed.

I woke up early the next day and waited for Smith at the bus stop. We took a dala dala (minibus taxi) to a hotel where he told the receptionist we were there for a training. She directed us to the second floor where quite a few people were already gathered around a whiteboard. I sat on the edge, the weight of curiosity crushing me.

The organisers welcomed me to Looking In, Looking Out (LILO), a training methodology that provides knowledge about sexual orientation, gender identity and expression, as well as how to cope in society as a queer person. On that day, in that hotel room, my journey in queer activism began.

That training opened my eyes. I learned so much about myself and how to stand up and live my truth without fear. I immediately felt lighter. When I went back home for the holidays, I started hanging my boxers outside.

In 2022 I started transitioning medically. I've faced a lot of backlash, even from queer friends, but take comfort in knowing I'm doing this for me, not them. The more I become myself, the happier I become.

Kim is a transgender activist who serves as a peer educator and community outreach coordinator with Tanzania Trans Initiative (TTI). He is also the founder of Bandari Salama Youth Group, which works to help Intersex, Transgender and Gender Non-Confirming/Non-Binary people improve their livelihoods.

KUTANA NAMI : RETROUVE MOI

KIM
Tanzanie

J'ai acheté mon premier caleçon à 21 ans. Il était noir et gris, et si commode, si masculin. Pourtant, je m'inquiétais de ce que mes parents penseraient s'iels trouvaient des sous-vêtements d'homme dans mon tiroir. C'était en 2014 et iels me considéraient toujours comme leur petite fille.

Après l'avoir lavé sous la douche ce soir-là, j'ai commencé à m'inquiéter. Où pourrais-je le faire sécher ? Il fallait que ce soit dans un endroit que ma mère ne trouverait pas. Je l'ai étendu à côté de mes vêtements sales.

Un mois après avoir porté ce caleçon humide, j'ai attrapé une infection et j'ai dû arrêter de le porter. L'abandonner m'a brisé le cœur, mais ma santé était plus importante. Je me suis promis de le porter à nouveau un jour. Je ne voulais pas baisser les bras.

Quelques mois plus tard, j'ai déménagé à l'autre bout de Dar es Salaam et je me suis inscrit à l'université internationale de Kampala en Tanzanie. Bien qu'il ait été difficile de partager une chambre avec sept autres filles au foyer, c'était mieux que de vivre sous le regard indiscret de mes parents. Je me suis efforcé de m'intégrer tout en essayant de convaincre ces filles que j'étais différente.

« C'est normal d'être différent, mais tu dois continuer à essayer d'avoir des relations sexuelles avec des hommes », me disaient-elles. « Peut-être que ton premier petit ami ne s'y est pas bien pris. Essaie avec quelqu'un d'autre. »

« Mais pourquoi devrais-je continuer à tester quelque chose qui me fait mal ? » me suis-je demandé.

Un après-midi torride sur le campus, une personne vêtue d'une chemise rouge a attiré mon attention. Je ne pouvais pas m'empêcher de la regarder. C'était Smith, l'homme transgenre dont tout le monde parlait. La plupart des gens l'appelaient « garçon manqué. » Le mot « trans » était nouveau pour moi. J'ai donc demandé à mon amie Safina, qui le connaissait, de nous mettre en contact l'un avec l'autre.

« Pourquoi ? Il te plaît ? » demanda-t-elle.

« Noooon ! », ai-je gloussé. « J'ai juste besoin de lui parler. »

Une fois que j'ai eu son numéro, je n'ai pas hésité à lui envoyer un message : « Salut Smith ! C'est Kim. »

« Qui t'a donné mon numéro ? »

« Safina », ai-je répondu, avant de me déconnecter. Je ne savais pas comment il réagirait à un inconnu qui tentait de le contacter. Lorsque je me suis à nouveau connecté ce soir-là, sa réponse a illuminé mon visage. Je lui ai alors demandé si nous pouvions nous rencontrer.

Je ne savais pas de quoi nous allions parler, mais j'ai décidé de laisser les choses suivre leur cours. Nous avons convenu de nous retrouver le samedi après-midi à la cantine de l'université autour de chips Maya.

« Alors, qu'est-ce que tu veux ? » a-t-il demandé.

« Tu es lesbienne ? »

« Non, je suis un homme transgenre », a-t-il dit en fronçant les sourcils, puis il a souri.

« Un homme trans ? Ça vaut dire quoi ? »

« Je suis en transition du genre féminin vers le genre masculin. »

« Attends ! Quoi ? Tu as donc un pénis ? D'où vient-il ? Es-tu intersexe ? »

Il a souri à nouveau. « Non, non, mais un jour, je t'en dirai plus. »

« D'accord », ai-je dit, bien que mon esprit soit encore confus. « Alors, es-tu en couple avec un garçon ou une fille ? »

« Nous en reparlerons un autre jour. »

Les semaines ont passé et nous n'avons pas échangé. J'ai pensé que je l'avais peut-être offensé, mais j'ai [finalement] reçu un message de sa part : « Habari Kim, vipi hali ? / Bonjour Kim, comment vas-tu ? »

« Oh mon Dieu ! » me suis-je exclamé. Mon cœur battait à tout rompre. Après son long silence, je ne m'attendais pas à recevoir un autre message de sa part.

Smith m'a dit qu'il voulait m'emmener quelque part. Il m'a rassuré en me disant que si l'endroit ne me plaisait pas, je n'étais pas obligé d'y retourner à nouveau. J'ai accepté.

Je me suis réveillé tôt le lendemain et j'ai attendu Smith à l'arrêt de bus. Nous avons pris un dala dala (minibus-taxi) jusqu'à un hôtel. Il a dit à la réceptionniste que nous étions là pour une formation. Elle nous a orientés vers le deuxième étage où plusieurs personnes étaient déjà rassemblées autour d'un tableau blanc. Je me suis assis sur le côté, écrasé par le poids de ma curiosité.

L'équipe organisatrice m'a accueillie à Looking In, Looking Out (LILO), une méthode de formation qui permet d'acquérir des connaissances sur l'orientation sexuelle, l'identité et l'expression de genre, ainsi que sur la manière de gérer sa vie en société en s'affirmant en tant que personne queer. C'est ce jour-là, dans cette salle d'hôtel, qu'a débuté mon aventure d'activiste queer.

Cette formation m'a ouvert les yeux. J'ai beaucoup appris sur moi-même et sur la façon de m'affirmer et de vivre de manière authentique et sans crainte. Je me suis immédiatement senti plus léger. Lorsque je suis rentré chez moi pour les vacances, j'ai commencé à sécher mes caleçons dehors.

En 2022, j'ai entamé une transition médicale. J'ai dû affronter de nombreuses réactions négatives, même de la part de mes ami·es queers, mais je me console en me disant que je le fais pour moi, pas pour elles et eux. Plus je suis moi-même, plus je suis heureux.

Kim est un activiste transgenre qui travaille en tant que pair éducateur et coordinateur communautaire à la Tanzania Trans Initiative (TTI). Il est également le fondateur du Bandari Salama Youth Group, qui œuvre à aider les personnes intersexuées, transgenres et de genre non-conforme / non-binaires à améliorer leurs conditions de vie.

The mountains are calling

and I must go

QUEERING AND DECOLONISING JOY AND RESISTANCE

ASSALA MDAWKHY
Tunisia

Maybe this text is a meta-narrative that talks to itself and the reader more than it does to me. I wanted it this way because my story is of queer joy and resistance, and I neither call myself a victim nor a quitter. I'm a human who believes in the power of unity and the ability of groups to relate to each other and to self-organise. I appreciate community life, sharing love, spaces, and wealth, and standing side by side in solidarity. That said, I will try to offer "the I in me" a little space here...but no promises.

Environmental philosopher John Muir wrote, "The mountains are calling, and I must go." This quote resonates deeply with who I am, where I was born and grew up, and what I stand for.

Growing up in El Kasserine, just a few miles from Tunisia's highest peak Jebel Chaambi, endowed me with a strong and musical country accent, darker skin, a tough personality, and a queer identity. This was all good material to attract different colours of discrimination, and to paint myself with an innate drive for justice and resistance.

Kasserine is known as the city of martyrs, having led the Tunisian revolution of 2010-2011. Some call it the "harsh land," and its people are often labelled troublemakers, revolutionaries, and stalwarts. They say you can take the person out of their hometown, but you can't take the hometown out of the person. I guess this is the case for me and for many of you.

"So, as an enthusiastic activist, do you believe the youth in Tunisia have achieved their goals since the revolution? Particularly in terms of equal opportunities, freedom, and dignity?"

A journalist asked me this question in early 2011, a few months after our revolution. It was only then that I realised what we naturally and inherently strive for, what we advocate and stand up for, is labelled "activism".

In 2013, I joyfully found myself at the heart of activism with my comrades in The General Union of Tunisian Students (UGET). We went on strikes in the university yard, demanded better scholarships for underprivileged students, and organised camps for political protest.

We cooked together, sang Sheikh Imam and Yasser Jradi songs, giggled at comrades who snored in our shared tents, and queered the space with our diverse gender expressions and infinite love.

Through these encounters I found myself engaging with Tunisian and regional social movements, civil society organisations, and campaigns to address impunity, femicide, gender inequality, environmental justice, and class struggle. I dove into each fight, sometimes with anger, but mostly with hope and adrenaline.

"Assala, you are coming with us to the police station for investigation", a police officer informed me after a routine ID check flagged me as "S17" in August 2017.

Tunisia's S17 border control measures often amount to de facto travel bans against opposition figures accused of "destabilising the safety of the system". This designation signalled the government's intent to surveil and control me. Why? Perhaps because I posed a threat.

Is advocating for rights and freedoms inherently threatening? Is documenting police violence, torture, and human rights abuses against queer individuals dangerous enough to warrant executive control over my movements and mobility? What about the dangers posed by violating my rights?

My S17 status shadowed me for four years. I was haunted by constant apprehension of arrest and investigation before any ID check. After an arduous journey of litigation and resistance, this oppressive and unconstitutional measure taken against me was finally lifted. Despite its challenges, this journey opened doors for me to slow down, experiment with self-care methods, and measure my abilities and limits. Most importantly, it showed me that I am not alone.

I have wonderful comrades who stand by my side and offer generous spoons of love and solidarity whenever needed. They wait for me in front of police stations during hours of investigation, call my name if something goes wrong, and resist alongside me for the cause, by any means necessary. I think I'm lucky. I'm loved.

Any struggle, if not imbued with solidarity and joy, becomes bitter and unbearable. It weakens, consumes, and drains you, leaving you disappointed and helpless. I choose joy and constantly find it in helping myself and others; in sharing, and in caring.

I've smiled before judges in court, laughed during queerphobic fights, sang during protests and strikes, and coloured my life with joy and queerness. This is how I believe it should be, moving beyond a victim mindset to stand tall and play the game of life from a wider perspective.

In 2019, I established a decentralised LGBTQI+ community centre in southern Tunisia that provides first-line assistance, including legal, medical, and psychological support to queer individuals in the region. I also started advocating for a joyful, decentralised, and decolonial approach to activism and resistance, one that doesn't prioritise the individual over the collective or vice versa, but rather aims to ensure that no one is left behind.

Today, I'm spearheading a strategic LGBTQI+ programme with an international human rights organisation, co-leading a regional queer network, and co-drafting defence models against Article 230 of the Tunisian colonial penal code, which criminalises same-sex sexual activity. This work involves setting up strategic litigation to decriminalise queerness and poverty.

There is still a long road ahead for queers and those pushed to the margins, be they individuals, causes, or countries, but I believe Global South solidarity can pave the way to a liberated Tunisia, Libya, Palestine, Egypt, Uganda, Western Sahara, Ghana, Congo, Venezuela, Corsica, and anywhere injustice reigns. Global South unity can blur borders and liberate nations. And it is coming.

Assala Mdawkhy is a Pan-African queer activist, leftist, and human rights defender who works on access to justice for LGBTQI+ individuals in Tunisia and regionally from a decolonial approach.

QUEERING ET DÉCOLONISATION DE LA JOIE ET DE LA RÉSISTANCE

ASSALA MDAWKHY
Tunisie

Ce texte est peut-être une méta narration qui s'adresse à lui-même et aux lecteurs et lectrices plus qu'à moi-même. Je l'ai voulu ainsi parce que mon histoire est une histoire de joie et de résistance queer, et je ne me proclame ni victime ni dégonflée. Je suis un être humain qui croit au pouvoir de l'unité et à la capacité des groupes à entrer en relation mutuelle et à s'auto-organiser. J'apprécie la vie en communauté, le partage de l'amour, des espaces et des richesses, ainsi que le fait de se tenir côte à côte dans la solidarité. Cela étant dit, j'essaierai de faire un tout petit peu de place au « moi en moi », mais je ne vous promets rien.

Le philosophe écologiste John Muir a écrit : « Les montagnes m'appellent et je dois y aller. » Cette citation me parle, parle à mes origines et à mes valeurs.

Grandir à El Kasserine, à quelques kilomètres du Jebel Chaambi, le plus haut sommet de la Tunisie, m'a doté d'un accent campagnard prononcé et chantant, d'une peau plus foncée, d'une personnalité résolue, et d'une identité queer. Ces éléments étaient autant de raisons d'attirer différentes formes de discrimination et de me forger une détermination innée pour la justice et la résistance.

Kasserine est connue pour être la ville des Martyrs, ayant mené la révolution tunisienne de 2010-2011. Certains l'appellent la « terre dure », et ses habitant·es sont souvent qualifié·es de trublions, de révolutionnaires et d'irréductibles. On dit que l'on peut sortir une personne de sa ville natale, mais que l'on ne peut pas sortir sa ville natale de la personne. Je pense que c'est vrai pour moi et pour beaucoup d'entre vous.

« En tant qu'activiste convaincue, pensez-vous que la jeunesse tunisienne a atteint ses objectifs depuis la révolution, notamment en termes d'égalité des chances, de liberté et de dignité ? »

Un·e journaliste m'a posé cette question début 2011, quelques mois après notre révolution. Ce n'est qu'à ce moment-là que j'ai réalisé que nos aspirations naturelles et fondamentales, ce que nous prônons et défendons, porte le nom d' « activisme. »

En 2013, je me suis joyeusement retrouvée au cœur de l'activisme avec mes camarades de l'Union Générale des Étudiants de Tunisie (UGET). Nous

144

avons fait grève dans la cour de la faculté, revendiqué de meilleures bourses pour les étudiants défavorisés, et organisé des camps de protestation politique.

Nous avons cuisiné ensemble, chanté des chansons de Sheikh Imam et de Yasser Jradi, ri des camarades qui ronflaient dans les tentes que nous partagions et envahi l'espace avec nos diverses expressions de genre et notre amour infini.

À travers ces rencontres, je me suis engagée dans des mouvements sociaux tunisiens et sous-régionaux, des organisations de la société civile et des campagnes pour lutter contre l'impunité, le féminicide, l'inégalité des genres, la justice environnementale et la lutte en faveur de l'égalité des classes sociales. Je me suis investie dans chaque combat, parfois portée par la colère, mais surtout portée par l'espoir et l'adrénaline.

« Assala, vous allez nous suivre au poste de police pour une enquête », m'a informée un officier de police après qu'un contrôle d'identité routinier m'a signalée comme « S17 » en août 2017.

Les mesures de contrôle aux frontières S17 en Tunisie équivalent bien souvent à une interdiction de voyager de fait, visant les opposant·es accusé·es de « déstabiliser la sécurité du régime. » Cette désignation indique la volonté du gouvernement de me surveiller et de me contrôler. Pourquoi ? Peut-être parce que je représente une menace.

Est-ce que le fait de défendre et de promouvoir les droits et les libertés représente une menace intrinsèque ? Documenter les violences policières, la torture et les violations des droits humains à l'encontre des personnes queers est-il suffisamment dangereux pour justifier un contrôle de l'exécutif sur mes mouvements et ma mobilité ? Et qu'en est-il des dangers posés par la violation de mes droits ?

Mon statut de S17 m'a poursuivie pendant quatre ans. J'ai été hantée par la constante appréhension d'une arrestation et d'une enquête à chaque contrôle d'identité. Après un parcours difficile entre litiges et résistance, cette sanction oppressive et inconstitutionnelle prise à mon encontre a finalement été levée. Malgré les difficultés, ce chemin m'a permis de ralentir, d'explorer de nouvelles façons de prendre soin de moi et d'évaluer mes capacités et mes limites. Plus important encore, il m'a montré que je n'étais pas seule.

J'ai de merveilleux et merveilleuses camarades qui se tiennent à mes côtés et m'offrent de copieuses doses d'amour et de solidarité chaque fois que c'est nécessaire. Iels m'attendent devant les postes de police pendant des heures lorsqu'on mène des enquêtes sur moi, crient mon nom si quelque chose va mal et résistent à mes côtés pour la cause, par tous les moyens nécessaires. Je pense que je suis chanceuse. Je suis aimée.

Toute lutte, si elle n'est pas imprégnée de solidarité et de joie, devient amère et insupportable. Elle vous affaiblit, vous dévore et vous épuise, vous plongeant dans la déception et l'impuissance. Je choisis la joie et je la trouve constamment en m'aidant moi-même et en aidant les autres, en partageant et en me souciant des autres.

J'ai souri devant des juges au tribunal, ri pendant des bagarres queerphobes, chanté lors de manifestations et de grèves, et paré ma vie des couleurs de la joie et de l'identité queer. C'est comme ça que je vois les choses, dépasser l'état d'esprit de victime pour se redresser et jouer le jeu de la vie avec un esprit plus ouvert.

En 2019, j'ai créé un centre communautaire LGBTQI+, décentralisé dans le sud de la Tunisie. Ce centre fournit une assistance de première ligne en matière de soutien juridique, médical et psychologique aux personnes queers de la région. J'ai également commencé à plaider pour une approche joyeuse, décentralisée et décoloniale de l'activisme et de la résistance. Cette approche ne privilégie ni l'individu sur le collectif, ni le contraire, mais vise plutôt à s'assurer que personne n'est laissé de côté.

Aujourd'hui, je dirige un programme stratégique LGBTQI+ au sein d'une organisation internationale de défense des droits humains. Je co-dirige également un réseau queer sous-régional et je participe à l'élaboration d'un plaidoyer contre l'article 230 du code pénal colonial tunisien, qui criminalise toute pratique sexuelle entre personnes de même sexe. Ce travail inclut la mise en place d'une stratégie judiciaire pour dépénaliser l'homosexualité et combattre la pauvreté.

Il reste encore un long chemin à parcourir pour les personnes queers et les personnes marginalisées, qu'il s'agisse d'individus, de causes ou de pays. Cependant, je crois que la solidarité entre pays du Sud global peut ouvrir la voie à la libération de la Tunisie, de la Libye, de la Palestine, de l'Égypte, de l'Ouganda, du Sahara occidental, du Ghana, du Congo, du Venezuela, de la Corse et de tous les autres pays où règne l'injustice. Si les pays du Sud global s'unissent, on pourra abolir les frontières et libérer les nations. Et cela ne saurait tarder.

Assala Mdawkhy est une activiste queer panafricaine, de gauche, défenseuse des droits humains, militante pour l'accès à la justice des personnes LGBTQI+ en Tunisie et dans la région, en adoptant une approche décoloniale.

@ rajae_hammadi

EMBRACING THE RAINBOW

TRACY IVY NAKAYENGA
Uganda

"Are you gay?"

The question hung in the air, disrupting the fervent debate on queer rights that swirled around us in a dimly lit bar in Kampala in 2019. People had asked me this before, and every time my stomach fluttered with discomfort.

"No!" I exclaimed. "I am not gay like them. I simply believe they also deserve to enjoy their rights".

My friends' doubtful expressions betrayed their disbelief that someone could advocate for queer equality without belonging to the community. Ugandan society is highly religious and homophobic, making LGBTQI+ people an easy target for politicians and preachers trying to gloss over corruption, human rights violations, sexual violence and other systemic problems plaguing my homeland.

Growing up in Kampala in the early 2000s, queer spaces were foreign to me. My parents were somewhat open-minded but rarely spoke about gender and sexuality. Any notions I had about queer individuals were shaped by the toxic narratives I encountered at church, school, and everywhere in between, but I have always been curious, a trait my parents nurtured.

My siblings and I were encouraged to seek knowledge and form our own opinions. As I grew older, I discovered that one of my life's missions would be to understand the complexity of human beings. I'll confess, I harboured some degree of homophobia in my teens. It was not fuelled by hatred or hostility, but a more subtle prejudice born of ignorance. Any lingering homophobia within me dissolved when I attended a leadership and movement-building training in Kenya in 2019 organised by CREA, a feminist human rights group focused on the Global South.

The intensive programme introduced me to feminist and queer theory and unearthed my passion for sexual and gender equality and reproductive health advocacy. As a 23-year-old feminist fresh out of university, this training ignited a fire within me. It consumed me with a hunger to discuss deeply contested feminist positions and to better understand diverse concepts around human sexuality. I discovered that advocating for freedom concerning all aspects of human identity is essential to dismantle the systems of oppression that affect me as a woman and everyone in society.

Soon after the training, I got a job with a feminist organisation that works with young women. This work prepared me for a new job with Human Rights Awareness and Promotion Forum (HRAPF) in 2020. HRAPF uses legal and legislative advocacy to improve the rights of marginalised groups, including LGBTQI+ people, in Uganda. I was amazed by their revolutionary approach to working with people our culture often labels "social misfits", and soon felt at home.

My work with queer people has liberated me in ways I never anticipated, and my journey from barroom defender to ally has brought many moments of self-discovery and growth. It has cultivated within me a spirit of creativity, authenticity, assertiveness, and acceptance. It has taught me to love and be loved, without judgement or reservation, and to live freely with lots of colour.

Ugandan feminist and human rights activist Stella Nyanzi, a prominent queer ally, once said, "I do not have to be a tree to advocate for climate justice, nor do I have to be a giraffe to fight for animal rights. I just have to realise that a violation and injustice is happening, and there is a need to stand up and fight for what is right because it is the right thing to do."

For me, Nyanzi's message distils the essence of queer allyship, which requires stripping away prejudice and relinquishing a "saviour complex". It recognises that while allies may not experience the world exactly as queer people do, we can still empathise with and share in their pain, triumphs, losses and wins as fellow humans.

Now when asked about my sexuality, I no longer flinch; my stomach no longer flutters. My response is simple: "My sexuality is irrelevant to the discussion at hand. What matters is justice, inclusion, equality, freedom, acceptance and the inherent dignity of all human beings."

Tracy Ivy Nakayenga is a Pan-African feminist and human rights advocate dedicated to promoting the liberation of women and LGBTQ+ persons by addressing inequalities and silences around bodily autonomy, expression, and sexuality politics. She works with the Human Rights Awareness and Promotion Forum in Kampala, Uganda.

ACCUEILLIR L'ARC-EN-CIEL

TRACY IVY NAKAYENGA
Ouganda

« Tu es gay ? »

La question flottait dans l'air, perturbant le tourbillon du débat houleux sur les droits des personnes queers dans lequel nous nous étions retrouvé·es dans un bar faiblement éclairé de Kampala en 2019. On m'avait déjà posé cette question auparavant, et à chaque fois, mon estomac s'en retrouvait noué.

« Non ! » Je me suis exclamée. « Je ne suis pas gay comme elleux. Je crois simplement qu'iels méritent aussi de jouir de leurs droits. »

L'expression dubitative que je pouvais lire sur le visage de mes ami·es trahissait leur incompréhension à l'idée que quelqu'un·e puisse défendre l'égalité des personnes queers sans pour autant appartenir à cette communauté. La société ougandaise est très religieuse et homophobe, ce qui fait des personnes LGBTQI+ une cible facile pour les politicien·nes et les prédicateurices qui tentent d'occulter la corruption, les violations des droits humains, la violence sexuelle et autres problèmes systémiques qui sévissent dans mon pays.

Au début des années 2000, à Kampala où j'ai grandi, les espaces queers étaient quelque chose dont je n'avais jamais entendu parler. Mes parents étaient quelque peu ouverts d'esprit, mais abordaient rarement les questions de genre et de sexualité. Toutes les notions que j'avais acquises sur les personnes queers avaient été façonnées par les histoires toxiques que j'avais entendues à l'église, à l'école et partout ailleurs. Ce qui ne m'a jamais empêché de faire preuve de curiosité, un trait de caractère que nourrissaient mes parents.

Ces derniers nous avaient toujours encouragé·es, mes frères et sœurs et moi-même, à cultiver nos connaissances et à nous forger nos propres opinions. En grandissant, j'ai découvert que l'une de mes missions sur terre était de comprendre la complexité des êtres humains. Je dois avouer que j'étais moi-même quelque peu homophobe au cours de mon adolescence. Il ne s'agissait pas de haine ou d'hostilité, mais de préjugés plus subtils résultant de l'ignorance. Tout ce qui me restait d'homophobie s'est dissipé lorsque j'ai participé à une formation en leadership et en construction de mouvements au Kenya en 2019, organisée par CREA, un groupe féministe de défense des droits humains focalisé sur les pays du Sud.

Ce programme intensif m'a initiée aux théories féministes et queers et a révélé ma passion pour la lutte pour l'égalité des sexes et des genres ainsi que la promotion de la santé reproductive. En tant que féministe de 23 ans fraîchement sortie de l'université, cette formation a fait naître un feu en moi. Elle m'a donné envie de débattre les prises de positions féministes vivement contestées et de mieux comprendre les divers concepts liés à la sexualité humaine. J'ai découvert que défendre les libertés porte sur tous les aspects de l'identité humaine et que c'est un combat essentiel pour démanteler les systèmes d'oppression qui m'affectent en tant que femme et qui affectent la société dans son ensemble.

Peu après la formation, j'ai trouvé un emploi dans une association féministe qui travaille avec des jeunes femmes. Ce poste m'a préparée pour un autre emploi au sein du Human Rights Awareness and Promotion Forum – HRAPF (Forum pour la sensibilisation et la promotion des droits humains) en 2020. Le HRAPF a recours au plaidoyer juridique et législatif pour faire avancer les droits des groupes marginalisés, y compris les personnes LGBTQI+ en Ouganda. J'ai été ébahie par leur approche révolutionnaire du travail avec des personnes que notre culture qualifie souvent de « marginales et marginaux », et je me suis rapidement sentie comme chez moi.

Mon travail avec les personnes queers m'a libérée d'une manière que je n'avais jamais anticipée, et mon parcours de militante de bars à alliée m'a apporté de nombreux moments de découverte de soi et d'évolution personnelle. Cela m'a permis de cultiver un esprit de créativité, d'authenticité, d'affirmation de soi et d'acceptation. Ce travail m'a également appris à aimer et à être aimée, sans jugement ni réserve, et à vivre librement en toute exubérance.

Stella Nyanzi, féministe ougandaise et militante des droits humains, éminente alliée queer, a déclaré un jour : « Je n'ai pas besoin d'être un arbre pour plaider en faveur de la justice climatique, ni d'être une girafe pour lutter pour les droits des animaux. Il me suffit de réaliser qu'une violation et une injustice sont en train de se produire pour me lever et me battre pour ce qui est juste, parce que c'est ce qu'il y a de bien à faire. »

Pour moi, le message de Nyanzi résume l'essence de ce qu'est un·e allié·e queer, ce qui exige de se débarrasser de ses propres préjugés et de renoncer au « syndrome du sauveur. » C'est reconnaître que, même si les allié·es ne naviguent pas le monde exactement comme les personnes queers, nous pouvons toutefois éprouver de l'empathie et partager leur douleur, leurs réussites, leurs pertes et leurs victoires en tant qu'êtres humains.

Aujourd'hui, lorsqu'on me pose des questions sur ma sexualité, je ne suis plus prise de panique, mon estomac ne se noue plus. Ma réponse est simple :

« Ma sexualité n'a rien à voir avec la discussion en cours. Ce qui compte, c'est la justice, l'inclusion, l'égalité, la liberté, l'acceptation et la dignité inhérente à tous les êtres humains. »

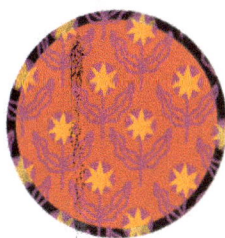

Tracy Ivy Nakayenga est une féministe panafricaine défenseuse des droits humains. Elle œuvre pour la libération des femmes et des personnes LGBTQ+ en s'attaquant aux inégalités et au silence qui entoure les questions d'autonomie corporelle, d'expression et de politique de la sexualité. Elle travaille avec le Human Rights Awareness and Promotion Forum - HRAPF à Kampala, en Ouganda.

MY PRETTY PINK BANDAGE

IVANDER (ANNX) CAMBANZA
Angola

It starts way back when I was five and growing up in Canada, a little kid with no idea what my Angolan parents expected from me and my masculinity.

"You're a boy, you need to speak up!" Dad would shout. "Don't play with dolls", Mom would scold. "Why are you watching movies for girls? You're a boy, Ivander. Don't do that!"

I stepped outside the gender binary at a fresh age, but hey, don't blame me for being colourful. Blame the beautiful intervention of the divine feminine for all this energy I still possess inside me. My story could've been sad, but if life gives you lemons, why not make a sweet, pink lemonade and serve it to your prettiest pals?

As a kid, I struggled to acknowledge Angola as my country of birth, having no memory of this place my parents called home. My first perception of the world was Toronto with my first platonic love, Ms. Sheryl.

Ms. Sheryl was a woman of extraordinary power, a power she expressed through her intelligence, sense of style, and sacred love of being a kindergarten teacher. She saw the beautiful in me and didn't judge me for playing with dolls and ponies. She'd play along, making me feel protected and loved. She made me feel as though I was her own child, enchanting every experience like a fairy tale in which my true colours could bloom.

On my third birthday, when my mom was late bringing the cake so we could sing Happy Birthday, Ms. Sheryl tied back her long blonde hair and fixed me a fake cake in the school kitchen. Sporting her signature black turtleneck and jeans, a relaxed stud style I adored, she lit up her creation and we all sang. Rather than make a wish, I closed my eyes, silently thanked Ms. Sheryl for making my birthday so special, and blew out my three candles.

When I was six, my parents suddenly decided to move back to Angola without really explaining why. I was sad to leave Canada and Ms. Sheryl, but what could I do? I had to accept it. Back in Angola, I experienced a whole new world that didn't feel like home and still doesn't. Boys didn't want to play with me because I was too feminine, and girls would question why my voice and mannerisms were not boy-like. I played alone. Our extended family on both sides treated me aggressively and told me to be more manly. Some family members even beat me, and my parents did nothing.

My early life in Angola brought constant pain and resurfaced memories of my parents asking me if I'm a boy or a girl and hitting me when I responded, "I'm both". Now that I better understand Angola, I see they didn't really have an opportunity to learn about gender or sexuality in a wide and comprehensive way. They simply believed what their parents taught them about how men and women were supposed to be.

I now live in a small and hectic part of Luanda that could foster a vibrant queer community if only the people here had a chance to be free and overcome their unresolved gender and sexuality issues. Reflecting on my traumas and hearing similar stories from other queer Angolans, in early 2024 we created Mesa Colorida (Colourful Table), an LGBT youth-led platform that aims to bring hope to young people who struggle to find safe spaces where they can express themselves freely. Through dialogue and events, we're busy exploring ways to meaningfully improve the context in which we live.

We value and celebrate every queer person and encourage self-expression through poetry, creative writing, singing, comedy, and content creation, all of which we plan to showcase on a new online platform that will aid our strategy for human rights response.

We know that change is slow, but our message is "Don't lose faith". We're bringing back self-love, confidence, and strength and opening doors filled with opportunities for all young queers out there who have been hurt but still have hopeful hearts and aspire to better days ahead.

Ms. Sheryl remains my strongest role model, and no other female identity has had such a positive impact on my life. My mind still simmers with everything she represented, and gravitates to her energy. Thanks to Ms. Sheryl for being my pretty pink bandage. She always found ways to brighten my days, put a smile on my face, and fill me up with hope. Ms. Sheryl, wherever you are, I hope you still remember this person Ivander who hearts you the most!

Ivander (Annx) Cambanza is a Trans non-binary activist responsible for Mesa Colorida (Colourful Table), an NGO in Angola that provides a safe platform where LGBT youth are included and celebrated for their diversity. Annx also works as a peer educator for families with LGBT siblings and provides SRHR/ HIV support to improve queer people's safety.

MON JOLI PANSEMENT ROSE

IVANDER (ANNX) CAMBANZA
Angola

Tout a commencé au Canada où j'ai grandi. J'avais cinq ans, un·e petit·e enfant qui n'avait aucune idée de ce que ses parents angolais attendaient d'iel et de sa masculinité.

« Tu es un garçon, tu dois parler plus fort ! » criait papa. « Ne joue pas à la poupée », grondait maman. « Pourquoi regardes-tu des films de filles ? Tu es un garçon, Ivander. Ne fais pas ça ! »

Je suis sorti·e de la binarité du genre à un âge précoce, mais ne me reprochez pas le fait d'être haut·e en couleurs. Blâmez plutôt la magnifique intervention du divin féminin pour toute cette énergie que je possède encore en moi. Mon histoire aurait pu être triste, mais lorsque la vie vous donne des citrons, pourquoi ne pas en faire une limonade rose et sucrée et la servir à vos plus joli·es copin·es ?

Enfant, j'ai eu du mal à retrouver en l'Angola mon pays de naissance, n'ayant aucun souvenir de cet endroit que mes parents appelaient leur patrie. Mes premiers souvenirs sont ceux que j'ai de Toronto, lieu où j'ai connu mon premier amour platonique, Mme Sheryl.

Mme Sheryl était une femme qui dégageait une aura de puissance extraordinaire, puissance qui s'exprimait par son intelligence, son sens du style et son amour sacré pour le métier d'institutrice de maternelle. Elle voyait la beauté en moi et ne me jugeait pas lorsque je jouais avec des poupées et des poneys. Elle jouait avec moi, me donnant l'impression que j'étais protégé·e et aimé·e. Elle me faisait sentir comme si j'étais son enfant, enchantant chaque expérience comme dans un conte de fées où mes vraies couleurs pouvaient transparaître.

Le jour de mon troisième anniversaire, alors que ma mère tardait à apporter le gâteau pour que nous puissions chanter « Joyeux Anniversaire », Mme Sheryl a attaché ses longs cheveux blonds et m'a préparé un faux gâteau dans la cuisine de l'école. Vêtue de son col roulé noir et de son jean, un style décontracté que j'adorais, elle a allumé sa création et nous avons tou·tes chanté. Plutôt que de faire un vœu, j'ai fermé les yeux, remercié silencieusement Mme Sheryl d'avoir rendu mon anniversaire si spécial et soufflé mes trois bougies.

À l'âge de six ans, mes parents ont soudainement décidé de rentrer en Angola sans vraiment expliquer pourquoi. J'étais triste de quitter le Canada et Mme Sheryl, mais que pouvais-je y faire ? Je devais l'accepter. De retour en Angola, j'ai fait l'expérience d'un tout nouveau monde qui ne me semblait pas être le mien et qui ne l'est toujours pas. Les garçons ne voulaient pas jouer avec moi parce que j'étais trop éfféminé·e, et les filles se demandaient pourquoi ma voix et mes manières n'étaient pas similaires à celles d'un garçon. Je jouais seul·e. La grande famille, des deux côtés, me traitait avec agressivité, réclamant que je sois plus viril·le. Certains membres de la famille m'ont même battu·e, et mes parents n'ont rien fait.

Mon enfance en Angola a été source de douleur constante et a fait resurgir des souvenirs de mes parents me demandant si j'étais un garçon ou une fille et me frappant lorsque je répondais « je suis les deux. » Maintenant que je comprends mieux l'Angola, je vois qu'iels n'ont pas vraiment eu l'occasion de s'informer sur le genre ou la sexualité de manière générale et approfondie. Iels ont simplement cru ce que leurs parents leur avaient enseigné sur la façon dont les hommes et les femmes étaient censé·es être.

Je vis aujourd'hui dans un petit quartier animé de Luanda qui pourrait accueillir une communauté queer dynamique si seulement les habitantes et les habitants avaient la possibilité d'être libres et de remettre en question les tabous et les non-dits en matière de genre et de sexualité. En réfléchissant à mes traumatismes et en entendant des histoires similaires de la part d'autres Angolais·es queers, nous avons créé début 2024 Mesa Colorida (La table colorée), une plateforme dirigée par des jeunes LGBT qui vise à donner de l'espoir aux jeunes qui luttent pour trouver des espaces sûrs où iels peuvent s'exprimer librement. Grâce au dialogue et aux événements que nous organisons, nous tentons d'explorer les moyens d'améliorer de manière significative notre environnement.

Nous valorisons et célébrons chaque personne queer, en encourageant l'expression individuelle à travers la poésie, l'écriture créative, le chant, la comédie et la création de contenu. Nous prévoyons d'en présenter le fruit sur une nouvelle plateforme en ligne qui contribuera à notre stratégie de promotion des droits humains.

Nous savons que le changement s'opère lentement, mais notre message est : « Ne perdez pas espoir. » Nous encourageons l'amour de soi, la confiance et la résilience, en créant des opportunités pour toutes les personnes queers qui ont été blessées, mais qui gardent espoir et aspirent à des jours meilleurs.

Mme Sheryl reste ma plus grande inspiration, et aucun autre modèle féminin n'a eu un impact aussi positif sur ma vie. Mon esprit est encore imprégné de tout ce qu'elle représentait, et son énergie m'inspire·e par son énergie. Merci à Mme Sheryl d'avoir été mon joli pansement rose. Elle trouvait toujours le moyen d'égayer mes journées, de me faire sourire et de nourrir mes espoirs. Madame Sheryl, où que vous soyez, j'espère que vous vous souviendrez toujours de cette personne, Ivander, qui vous aime énormément !

Ivander (Annx) Cambanza est un·e activiste trans non binaire responsable de Mesa Colorida (La table colorée), une ONG angolaise qui offre une plateforme sûre où les jeunes LGBT sont inclus·es et célébré·es pour leur diversité. Annx travaille également comme éducateurice auprès de familles ayant des frères et sœurs LGBT et apporte un soutien en matière de santé sexuelle et reproductive et de VIH afin d'améliorer la sécurité des personnes queers.

JOBURG NIGHTS AND LIGHTS

MOGAU MAKITLA
South Africa

My story begins on Mmakhulu's sofa on a warm day in Pretoria. It was 2020, during the height of COVID-19, when she told me numerous people had approached her with spiritual premonitions of me as a lesbian.

Mmakhulu was heavily involved in her church, so these were serious allegations. I was shocked, but I listened. It soon became clear that my closet was made of glass. Whilst I had every intention of remaining within what felt like "safe" darkness, I now knew my closet light was on, and even the most random people could see my heart's desires.

A year later, I was working as a Sexual and Reproductive Health and Rights (SRHR) consultant in Pretoria and would occasionally travel to Bloemfontein to attend conferences and play house with my boyfriend. This was my moment of glory – I had managed to prove the clairvoyants wrong.

One gloomy Thursday, I was dusting off my makeup brushes after adorning my boyfriend *Tumisang with the sleekest "eyebrows on fleek" he'd ever seen. He surveyed my glamorous work in the mirror for a few minutes then walked over to me. A sternness filled the air. "You need to start dating girls!" he exclaimed, with no room for protest. I giggled. It was clear he'd grown tired of my endless requests to do his makeup or put him in one of the braided wigs I hated on myself but loved on him. Tumisang had no intention of being the pretty princess I could see in him. We broke up a few weeks later.

In the year that followed, I agonised over whether stepping out of the closet would be worth it. I was not prepared to live a life where the fear of being murdered for my sexuality always lingered like smoke in an enclosed room with no means of escape. I watched my straight friends fall in love with such ease. For me, it felt like a matter of life or death.

I stopped dating completely. I was scared that if I dressed or spoke the wrong way, or perhaps held on to my lover's hand for too long, my name would end up in the papers as a hate crime victim. Just like Eudy Simelane, Diego Jacobs, Athule Mahlathini, and the many others who had come before and after them; all lives cut short because people cannot stand to see LGBTQI+ persons live freely.

Illustration by Kabi Kimari

My fear of dating did not stop me from making new friends. I was on a mission to build my own queer community. Having grown up with mostly straight female friends who were now building their lives with boyfriends and husbands, it became increasingly important for me to build a community I could aspire to, even if these aspirations would only ever exist in my head.

I started attending queer-centred events, Pride celebrations, workshops, and webinars and getting more involved in South Africa's queer activist space. These encounters introduced me to older non-binary, lesbian, and gay people, and through their example I began to envision and build a life for myself that was not doomed to be cut short. A play of my own making…

Scene One: "Chomi, I'm at Kitcheners!" I shouted over the bass of Gqom music that threatened to burst my eardrums every time the speaker burped. I had travelled from Pretoria just to party in Joburg's more visible and inviting queer scene. As soon as I stepped out of the train station, I was welcomed by the stench of overflowing bins and androgynously dressed "they/thems" who walked as though they owned the city. Everybody had cool tattoos, colourful hair, a septum piercing, or all three. In Joburg I found a space where I could belong.

Scene Two: My friends Dineo, Patience, and Yaya danced into the club. It was our first hang-out since I'd moved to Joburg to work for a queer-focused NGO. I shot up and waved them over to my table. "Chomi, bakae bo abuthi ba ba nice? / Friend, where are the cute men?" Yaya asked, surprised at the lack of potential boyfriends in the room. "It's a lesbian hang-out spot", I said. She smiled and asked where the potential girlfriends were. I smiled and pointed at someone who had caught my eye. By the end of the night, Miss Eye-Catcher and I had made dinner plans.

Scene Three: I took a slug of wine as I swayed my hips to the sound of Kabza De Small's latest hit. I was gearing up for my date with Lumka whom I'd met at a "Queeriokie" games night in Joburg. "Makeup or no makeup?", I asked myself. Makeup could be relationship defining, I thought, remembering Tumisang's glammed-up brows. I opted for a fiery red lipstick. Lumka loved how the colour matched my hair. She loved my septum piercing too.

Before stepping out into the night, I plugged in my rechargeable light, prepared to come home to another round of scheduled power cuts.

Since leaving the closet, I was done with the dark. Bring on the light!

Mogau Makitla is the media officer at Iranti in South Africa. They are a digital campaign strategist whose work often focuses on LGBTQIA+ rights, bodily autonomy, consent and menstrual health.

NUITS ET LUMIÈRES DE JOHANNESBURG

MOGAU MAKITLA
Afrique du Sud

Mon histoire commence sur le canapé de Mmakhulu lors d'une journée chaude à Pretoria. C'était en 2020, en pleine période de COVID-19, lorsqu'elle m'a dit que de nombreuses personnes l'avaient approchée pour lui faire part de leurs prémonitions spirituelles sur le fait que j'étais lesbienne.

Mmakhulu étant très impliquée dans son église, il s'agissait donc d'allégations sérieuses. J'ai été choqué·e, mais je l'ai écoutée. Il est vite apparu que mon placard était en verre. Alors que mon intention était de rester dans ce qui me semblait être une obscurité où je me sentais en « sécurité », je savais maintenant que la lumière était désormais allumée dans mon placard et que même les personnes auxquelles je m'y attendais le moins pouvaient voir ce que désirait mon cœur.

Un an plus tard, je travaillais comme consultant·e en santé et droits sexuels et reproductifs (SDSR) à Pretoria et je me rendais occasionnellement à Bloemfontein pour assister à des conférences et jouer à papa et maman avec mon petit ami. C'était mon heure de gloire – celleux qui avaient eu des prémonitions à mon sujet s'étaient donc trompé·es.

Un jeudi alors que le ciel était couvert, je nettoyais mes pinceaux de maquillage après avoir paré mon petit ami *Tumisang des plus beaux sourcils jamais vus. Il a examiné le magnifique travail que je venais de faire dans la glace pendant quelques minutes, puis s'est approché de moi. L'air ambiant était empreint d'une certaine sévérité. «Tu devrais commencer à sortir avec des filles », s'est-il exclamé, sans laisser de place à la protestation. Je me suis mis·e à rire. Il avait visiblement fini par se lasser de mes incessantes sollicitations pour le maquiller ou lui mettre une de mes perruques tressées que je détestais sur moi, mais que j'adorais le voir porter. Tumisang n'avait pas du tout l'intention d'être la jolie princesse que je voyais en lui. Quelques semaines plus tard, nous avons rompu.

Au cours de l'année qui a suivi, je me suis demandé·e si cela valait la peine de sortir du placard. Je n'étais pas prêt·e à vivre une vie où la peur d'être assassiné·e à cause de ma sexualité me poursuivrait en permanence, telle de la fumée dans une pièce close, sans aucune issue pour se dissiper. Mes ami·es hétérosexuel·les pouvaient si facilement tomber amoureux·ses, mais dans mon cas, il s'agissait d'une question de vie ou de mort.

J'ai complètement arrêté les rencontres. J'avais peur de me retrouver dans les journaux, victime d'un crime de haine au moindre écart vestimentaire ou verbal, ou si même je tenais un peu trop longtemps la main de mon amante en public. Tout comme Eudy Simelane, Diego Jacobs, Athule Mahlathini et les innombrables autres qui les ont précédé·es et suivi·es, toutes ces vies qui ont été fauchées parce que les gens ne supportent pas de voir les personnes LGBTQI+ vivre librement.

La peur de faire des rencontres ne m'a tout de même pas empêchée de me faire de nouvelleaux ami·es. J'avais pour mission de construire ma propre communauté queer. Ayant grandi essentiellement avec des amies hétérosexuelles qui désormais faisaient leur vie avec leur petit ami et leur mari, se construire une communauté à laquelle je pouvais prétendre devenait de plus en plus important pour moi, même si ces aspirations ne seraient jamais que purement fictives.

J'ai alors commencé à participer à des événements consacrés aux personnes queers, à des célébrations de la Fierté, à des ateliers et à des séminaires en ligne, et à m'impliquer davantage dans l'espace militant queer sud-africain. Ces rencontres m'ont permis de connaître des personnes non binaires, lesbiennes et gays plus âgées. Grâce à leur exemple, j'ai commencé à me projeter et à me construire un avenir qui ne serait pas voué à être écourté. Ma propre pièce de théâtre…

Scène 1 : « Chomi, je suis à Kitcheners ! » ai-je crié par-dessus la basse du son Gqom qui menaçait de me crever les tympans à chaque fois que le haut-parleur lâchait un rot. J'avais fait le voyage depuis Pretoria juste pour faire la fête sur la scène queer la plus connue et la plus accueillante de Johannesburg. À peine sorti·e de la gare, j'ai été accueilli·e par la puanteur des poubelles qui débordaient et des « iels/elleux » habillé·es de manière androgyne qui déambulaient comme si la ville leur appartenait. Tout le monde avait des tatouages sympas, les cheveux colorés, un piercing au septum, ou les trois à la fois. À Johannesburg, j'ai trouvé un endroit où j'avais ma place.

Scène 2 : Mes ami·es Dineo, Patience et Yaya entrent dans le club en dansant. C'était notre première sortie depuis que je suis venu·e m'installer à Johannesburg pour travailler pour une ONG de défense des droits des personnes queers. Je me suis levé·e et leur ai fait signe de venir à ma table. « Chomi, bakae bo abuthi ba ba nice ? / Ami·e, où sont les beaux gosses ? » demande Yaya, surprise par le fait qu'il n'y avait pas de petits amis potentiels en vue dans la salle. « Je lui ai répondu que c'était un lieu de rencontre pour lesbiennes. » Elle a souri et a demandé où étaient les petites amies potentielles. J'ai souri et j'ai montré du doigt une personne qui avait attiré mon attention. À la fin de la soirée, l'objet de mon attention et moi avions décidé de nous retrouver plus tard pour dîner ensemble.

Scène trois : J'ai bu une gorgée de vin en me déhanchant au son du dernier tube de Kabza De Small. Je me préparais pour mon rendez-vous avec Lumka, que j'avais rencontrée lors d'une soirée de jeux « Queeriokie » à Johannesburg. « Maquillage ou pas de maquillage ? », me suis-je demandé·e. Je me suis dit que le maquillage pouvait être déterminant dans une relation, en me souvenant des sourcils bien dessinés de Tumisang. J'ai opté pour un rouge à lèvres rouge vif. Lumka a adoré la façon dont la couleur s'accordait avec mes cheveux. Elle a aussi aimé mon piercing au septum.

Avant de m'embarquer dans la nuit, j'ai branché ma lampe rechargeable, prêt·e à rentrer à la maison pour une nouvelle série de coupures d'électricité programmées.

Depuis que je suis sorti·e du placard, j'en ai fini avec l'obscurité. Que la lumière soit !

Mogau Makitla est responsable des médias chez Iranti en Afrique du Sud. Iel est stratège en campagnes numériques et son travail porte souvent sur les droits des personnes LGBTQIA+, l'autonomie corporelle, le consentement et la santé menstruelle.

ABOUT TABOOM MEDIA

Taboom's media training, mentoring, publishing, monitoring, and response programs catalyse ethical journalism and public discourse around taboo topics. By shining light on taboos in the news, we aim to break their power. Our global work challenges stigmas, replacing stereotypes and discrimination with accuracy and respect. We facilitate responsible media coverage to safeguard and champion vulnerable communities and to advance human rights.

To learn more about our work and to download a free copy of this anthology, visit TaboomMedia.com.

taboom media

À PROPOS DE TABOOM MEDIA

Les programmes de formation, de mentorat, de publication, de suivi et de réponse aux médias de Taboom catalysent le journalisme éthique et le discours public autour de sujets tabous. En mettant en lumière les tabous de l'actualité, nous voulons casser leur pouvoir. Notre travail au niveau mondial remet en question les stigmates, en remplaçant les stéréotypes et la discrimination par la précision et le respect. Nous facilitons une couverture médiatique responsable pour protéger et défendre les communautés vulnérables et faire progresser les droits humains.

Pour en savoir plus sur notre travail ou pour télécharger une copie gratuite de cette anthologie, visitez notre site web TaboomMedia.com.

ABOUT GALA QUEER ARCHIVE

GALA is a catalyst for the production, preservation and dissemination of information about the history, culture and contemporary experiences of LGBTQIA+ people in Africa. As an archive founded on principles of social justice and human rights, we continue to work toward a greater awareness about the lives and experiences of LGBTQIA+ people in Africa. Our main focus is to preserve and nurture LGBTQIA+ narratives and culture, as well as promote social equality, inclusive education and youth development.

GALA publishes under our imprint, MaThoko's Books, a publishing outlet for LGBTQIA+ writing and scholarly works on LGBTQIA+-related themes in Africa.

GALA

À PROPOS DE GALA QUEER ARCHIVE

GALA sert de catalyseur pour la production, la préservation et la diffusion d'informations sur l'histoire, la culture et les expériences contemporaines des personnes LGBTQIA+ en Afrique. En tant que centre d'archives fondé sur les principes de la justice sociale et des droits humains, nous continuons à œuvrer pour une plus grande sensibilisation à la vie et aux expériences des personnes LGBTQIA+ en Afrique. Notre objectif principal est donc de préserver et de nourrir les récits et la culture LGBTQIA+, ainsi que de promouvoir l'égalité sociale, l'éducation inclusive et le développement de la jeunesse.

GALA publie sous notre propre marque, MaThoko's Books, un espace pour les écrits et les travaux universitaires sur les thématiques liées aux LGBTQIA+ en Afrique.

Taboom Media and GALA Queer Archive would like to thank
the following organisations for their support.

*Taboom Media et GALA Queer Archive tiennent à remercier les
organisations suivantes pour leur soutien.*

**National Endowment
for Democracy**
Supporting freedom around the world

SAIH

**THE
SIGRID
RAUSING
TRUST**

ISDAO

Norwegian Embassy

www.ingramcontent.com/pod-product-compliance
Lightning Source LLC
Chambersburg PA
CBHW080646270326
41928CB00017B/3207